MATSUI
YOSHIHARU

P&Gで学んだ
経営戦略としての「儲かる人事」

元P&G北東アジア採用・教育・組織開発部長
松井義治

HUMAN
RESOURCES

CCCメディアハウス

装丁・本文デザイン● 桐畑恭子（next door design）
編集協力● 亀谷敏朗
校正● 円水社

はじめに

中小企業経営者の多くは、「人事」とは人材がたくさんいる大会社に必要なものであって、中小企業には無用の長物と思っているように見えます。

これは、大きな勘違いです。

欧米企業では、人事のことをＨＲＭ（Human Resource Management：ヒューマン・リソース・マネージメント）といいます。

ＨＲＭという名称は日本でも根付いているようですが、ヒューマン・リソースというと、「人事」というよりは「人的な経営資源」と捉える人のほうが多いように思います。

経営資源とは、広義にはいわゆる「ヒト、モノ、カネ」のことです。

そして、経営資源を最大限に活用して、企業の設立目的や社会的使命を果たすためのグランドデザインが「経営戦略」ということになります。

「ヒト、モノ、カネ」という経営資源に関心を払わない経営者はいないでしょう。

なかでも「ヒト」という経営資源を最も効果的に活用できる経営者、社員に最大の能力を発揮させることのできる経営者こそ、経営手腕のある人なのです。

経営手腕は多くの経営者が求める力です。ところが、こと「人事」となってしまうと、とたんに「ヒトゴト」になってしまう経営者が多い。

同じ「人事」でも、人事権に無頓着な経営者は企業の大小を問わず皆無ですが、人事戦略・人事施策となるとにわかに関心が下がってしまうようなのです。

ピーター・ドラッカーが言うように「経営とは人を通じて成果を出す」ことですから、人事とはまさに企業経営に他なりません。

人事というと、日本では人員の確保や適材適所の配置、昇進・昇格の評価など信賞必罰・論功行賞の後処理を行うものと考える人が多くいます。これは間違いではありませんが、手段と目的を混同しているともいえます。

人事の目的は、会社のミッションを達成するために人の意欲を高め、最も生産性高く働けるようにすることです。人事異動や信賞必罰の評価・処遇は、そのための手段であることを忘れてはいけません。

人事戦略、そして人事施策とは、企業が儲かるための経営ツールのひとつです。せっかく業績を上げる有効なツールがあるにもかかわらず、誤解や無関心によって使わないのは、文字どおり宝の持ち腐れといえます。

人事の目指すところは、企業の目標達成に貢献する人材をつくる（よい人材を採用し、よい人材に育てる）ことですから、規模の大小には関係なく、優れた会社には優れた人事システムがあるものです。

つまり、人事とは本来、「儲かる（会社にするための）人事」ということになります。

中小企業経営者が、業績を上げたい、優秀な人材が口では欲しいと言いながら、人事戦略・人事施策を無用の長物と見なすのは、収穫は欲しいが農地は耕さないと言っている農家と同じで、ひどく矛盾した話です。

私は長く人事の世界に身を置いてきて、とくに中小企業経営者の「人事の誤解」について、機会があったら一度まとめてみたいと思い続けてきました。今回、このテーマで執筆を依頼されたとき、真っ先に考えたのもこの点です。

「人材なくして企業なし」という言葉はよく聞きますが、私は「人事なくして人材なし」と言っています。

しかし、多くの中小企業経営者から、「そうは言っても、わが社に人事スタッフなどいないよ」という反論をいただきます。

ところが、ここにも大きな勘違いがあります。

たしかに日本の大手企業（あるいは役所）には、人事部という部署が存在します。人事制度づくりやその運用は、もっぱら人事部の仕事であり、昇進・昇格や異動のシーズンになると全社員の目が人事部に集まるものです。

しかし、この人事部というセクションが組織にとって絶対に不可欠かというと、私は必ずしもそうは思っていません。

私はP&G（プロクター・アンド・ギャンブル）で採用・人材育成など、いわゆる人事や組織開発のリーダーを務めましたが、P&Gの基本的な人事はラインで完結します。

つまり、たとえばマーケティング部の中での評価、昇進、教育はラインのリーダーの仕事であって、人事部の役割はリーダーによって評価の偏りが出ないよう、組織としての不動の評価軸や枠組みを示すことにあります。

人事は原則、部門のライン・リーダー、マネージャーが果たすべき務めです。部下のことは、最も身近にいる上司が一番よく知っているはずです。それは日本でも欧米でも同じです。したがって、上司には部下の動機付けから評価、処遇、育成まで責任をもってやらせるべきだと私は考えています。

私は、このP&Gの方式の人事は、人事スタッフに人を割けない日本の中小企業にこそ有効な人事システムだと考えています。

P&Gをはじめとして外資系企業は、会社としては世界規模のグローバルカンパニーですが、日本法人は意外に中小企業規模並みです。つまり、外資系の人事システムは中小企業の人事システムとも言えるのです。

ですから、中小企業であっても、効果的で生産的な人事は、各部署のリーダーがもう少し目配りと気配りをすればできると私は考えています。

「いや、それもP&Gだからできることで、わが社の部課長にそれができるだろうか」と、なお不安な経営者もいるかもしれません。

しかし、できない最大の原因はやらないことにあります。

人事戦略・人事施策は、トップの決断があれば、ほぼすべて実行可能です。有能なスタッフがいなければできないわけではありません。

肝心なのは、まずトップ自身が人事について正しく知ることです。

本書は、中小企業だからできる人事について、できるだけわかりやすく、論理よりも行動を重視して紹介・説明しています。

人事の力とは、自社の求める人材をつくり、長期には企業の理念やビジョン（夢）を達成する力であり、短期には目標達成のためにパフォーマンスを高める力です。これらは、すなわち経営者の力に他なりません。

ビジネスの基本は巧緻より拙速。本書は人事の専門家ではない読者に考慮し、正確さを追求してわかりにくくなるよりはわかりやすさを重視し、あえて思い切った表現をとっているところもあります。

経営者にとって、人事を知ることは経営の力を得ることでもあります。

本書を読んでいただければ、その一端がおわかりになるはずです。

P&Gで学んだ　経営戦略としての「儲かる人事」●目次

CHAPTER 1

人事とは強い会社を創るシステムでなければならない

CHAPTER 2

採用とは未来のリーダーを獲得するシステム

CHAPTER 3

新人がぐんぐん伸びる人事システム

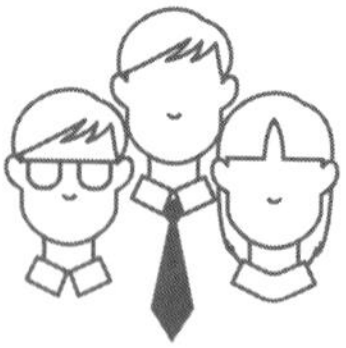

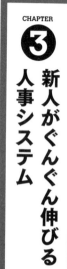

CHAPTER 4

社員が自発的に動き始める人事システム

CHAPTER 5

人を伸ばす・組織を生かす人事システム

CHAPTER 6

人事の力とは社長の力

CHAPTER 1

人事とは強い会社を創るシステムでなければならない

中小企業でもできるのが P&G方式の人事

儲けのもとは人事にあり

経営者の一番の関心事は会社の業績（儲け）です。

それは外資系も日本企業も同じ。儲けがなければ会社は成長しませんし、社員に給料も払えないし、取引先への支払いもできません。

最悪の場合、倒産ということも起こりえます。

会社が儲けることの重要さに比べれば、人事なんて二の次、と思っている経営者は少なくありません。特に中小企業の社長は、会社と自分自身があらゆる面で一体ですから、みなさん例外なく会社の儲けには痛いほど敏感です。

では、儲けの源泉とは何でしょうか。

強い営業力、優れた商品・サービス力、他社には真似のできない技術力、厚い信用（ブランド）力など、いくらでも挙げられるでしょう。しかし、これらの儲けの源泉をさらに深掘りしていくと、すべて「人」に行き着きます。強い営業力も、優れた商品・サービス力も、すべて「人」がつくった結果です。

一般に人、物、金、情報を経営資源といいます。

経営資源のうち、自力で成長し、自力で稼いでくるのは人だけです。よい人材がいれば、物も、金も、情報も、社長が何もしなくても入ってきます。

営業力も、技術力も、信用力も人がつくるもの。ところが多くの企業経営者は、営業所づくりや生産設備づくりには一生懸命でも、社員づくりには驚くほど無頓着な人が多いようです。これでは儲かるはずがありません。

人事とは、人員確保や異動、昇進・昇格のための評価、賃金の管理をするだけの仕事と考えるのは間違いです。

人事の目的は、会社を儲けさせる人、組織に貢献する人をつくることにあります。

採用も異動も、昇進・昇格のための評価も、賃金の管理も、すべて会社を儲けさせることのできる人、ひいては会社の理念やミッションを実現させる人をつくるための手段なのです。

目的と手段を混同してはいけません。

できるのにやらない中小企業経営者の誤解

企業にとって人が大事ということには、多くの社長が頷いてくれます。

ところが中小企業の社長の多くは、わが社には人事のスタッフがいない、またスタッフを置くほど人もいない、人事が大事なのはわかったがない袖は振れないなどと言います。人事とは大企業の人事部がやるもので、中小企業では難しいという意見です。

しかし、ここにも誤解があります。誤解を恐れずに言えば、人事とは人事部がなくてもできます。私のいたP&Gでは、人事は各部門（ライン）でやっていました。

P&Gはグローバル企業ですが、各部門の規模は中小企業と同じくらいです。

そこで採用から配置、教育、評価、人材育成やキャリア開発、昇進、昇給など一通りの人事施策を行っていました。

もちろんP&Gには各部門を支援する人事部門もありましたが、私の経験からいえば人事は各部門で完結することができます。

つまり、P&G方式でやれば、改めて組織の中に人事部門をつくらなくても、人事の目的（会社を儲けさせる人、組織に貢献する人をつくる）は十分に果たせるのです。

私は長年の人事経験から、中小企業の人事にはP&G方式が向いていると思っています。

各部門のリーダーやマネージャーが自ら、部下の育成、評価、異動・昇進、給与に関して考え、実行しているのがP&Gです。

P&Gでは、採用も各部門が主体的に行います。そして、新人をマネージャーが責任をもって育てていきます。

新人の育成も専門家による教育訓練が主体ではなく、仕事の現場体験で鍛える方法が最優先です。人は仕事で鍛えられ、仕事を通して成長する、そして上司がそれを支援する、というのがP&Gの人材育成の基本的な考え方だからです。こうした点も中小企業に向いているのではないでしょうか。

ただし、P&Gのやり方を中小企業で丸ごとコピーするのは不可能です。

P&Gのやり方のうち、中小企業で取り入れることのできるもの、取り入れて効果的と私が判断したものについてのみ、これから紹介していきます。

その前にもうすこし、人事に対する誤解を解いておきましょう。

人事なくして会社の成長なし

よい会社には例外なく社員の笑顔がある

中小企業には創業から何年かは順調に業績を伸ばしてきたものの、途中から頭打ちとなり伸び悩む会社が多いように見えます。

企業は、最初は社長一人の力量で伸ばし、次に社長が集めた仲間と協力して伸ばし、その次のステージでは成長した社員の力で伸ばす、という段階を踏みます。企業が伸び悩むのは3つめのステージで、これは社員が育っていないのが原因です。

「人を育てる」というと、親子の関係を思い浮かべます。

よく「手塩にかけて育てる」といいますが、企業の人材育成では愛情もさることながら、より重要になるのが人を育てる「仕組み」です。人が育つ組織には、人を育てる仕組みが必ずあります。この仕組みが人事制度であり、人事施策です。本書では、人事制度、人事施策などを総称して人事といっています。

よい会社にはよい人事がある、といっても、それは必ずしもよい人事制度がある、よい人事スタッフがいるという意味ではありません。

セクションとしての人事部はなくても、よい人事をやっている中小企業はたくさんあります。社長がすべてを決めている会社でも、よい人事の行われている会社はあります。

適材適所で人が育つ環境をつくっている会社、コミュニケーションがよく社員が仕事に誇りを持っている会社、こうした会社にはよい人事の仕組みがあるものです。

よい人事の仕組みがある会社には、例外なく社員の笑顔があります。

よい人事の行われている会社に社員の笑顔があるのは、よい人事の会社が儲かっているからで、会社が儲かっているのは顧客の満足度が高いからです。

会社の業績は顧客満足なしには伸びません。顧客満足は、社員のやりがいや誇りによって高まります。仕事にやりがいや誇りのある社員は生き生きしています。社員を生き生きさせるのがよい人事の仕組みです。

だから、よい人事の仕組みがある会社には社員の笑顔があるのです。

人事の仕組みづくりは社長の仕事

社員が毎週月曜日の朝が待ち遠しい、毎朝会社に来るのが楽しみという会社が、よい人事の仕組みのある会社です。

社員の仕事に対するやりがい・誇りは、会社に対する愛着や共感があって生まれます。そして、仕事の達成感によって強化されるものです。

つまり、社員の会社に対する愛着や共感を育み、チャレンジした仕事を成し遂げられるように社員のスキルを伸ばすのが、人事の戦略・施策ということになります。儲かる会社をつくるには、まず社員が会社に来るのが楽しみという会社をつくらなければなりません。

したがって、「人事は人事部の仕事」という捉え方はもう捨てるべきです。

儲かる会社をつくるのは社長の仕事なのですから、人事の仕組みをつくることは社長の仕事に他なりません。スタッフの力を借りることはあっても、スタッフ任せにしていては儲かる会社をつくることはできないはずです。

人事は昇格や昇給など、事後の査定や評価、つまり後処理をすることだと見られがちですが、それも本質ではありません。

戦前の奇書といわれる石原莞爾の『最終戦争論』には、未来の歩兵は機械化された装備を持ち、一人ひとりの判断で動くようになるという予言があります。そのほうが、より効果的で強力な軍隊になるというのです。

命令や統制によって動く兵士より、自由裁量で動ける兵士のほうが戦力として優秀という考え方が戦前にあったのは意外でした。

新幹線には、各車両にモーターが付いています。動くのは先頭の機関車だけで、後ろの車両はすべて機関車に牽引されるタイプの列車と新幹線との違いはこの点にあります。連結している各車両に動力があるから、常時、時速200キロを超えるようなスピードで走ることができるわけです。

つまり、強い会社とは、社長ひとりが強力な推進力を持っているのではなく、社員一人ひとりが自ら考え行動することができる会社ということになります。

社長ひとりが引っ張るのでは、すぐに限界が来てしまうでしょう。

人事とは後処理ではなく、むしろ社員全員が自力で前に進むことができるようになる仕組みと文化を築くことなのです。

コストセンターから
プロフィットセンターへ

そもそも人事とは何か

さて、一口に人事といいますが、そもそも「人事」とはどういう意味なのでしょうか。

私が学生のころは、人事部は英語でPersonnel Administrationでした。「人員管理」というような意味となります。

その後、外資系企業の人事部門はＨＲＭ（Human Resource Management）、すなわち「人的資源管理」と変わりました。

１９９０年代には、日本の企業でもＨＲは人事を指す言葉として定着します。

言葉が生まれる背景には必ず新しい環境、文化や価値観があるものです。Personnel（人員）がHuman Resources（人的資源）に変わったということは、企業の人に対する意識と、人の企業に対する役割が変わったことを意味しています。

人はたんなる人員から経営資源のひとつとなり、人事はたんなる人集めとその管理から、人的資源の開発と有効活用によって経営に貢献することが求められるようになったのです。

今日の人事の役割は、次のようになっています。

○経営戦略を実行するための人材戦略の開発および実行
○組織力強化をリード
○ビジョン達成のための組織文化づくり

このように、人事は採用や配置などの人員管理から、人の質を高めて、より高次である経営品質を上げることに役割が変化しているのです。

人事がプロフィットセンターになるための条件

近年ビジネス用語で使われるようになったプロフィットセンター、コストセンターという言葉ですが、その意味するところは、企業において利益を上げる責任を担っている部門かそうでないかということです。

具体的には、メーカーでは営業、営業企画、製造などがプロフィットセンターに当たります。こうした部門のことを、かつて日本では直接部門といっていました。

一方、総務、人事、経理、労務などいわゆる管理部門は、稼ぎのないコストセンターに当たるということになります。

こちらは、昔は間接部門と呼ばれていました。

企業経営にとって、できるだけプロフィットセンターを大きく、コストセンターを小さくしたいのは今も昔も変わりません。

しかし、コストセンターと呼ばれる管理部門のパフォーマンスによって、プロフィットセンターの稼ぎの質と量は大きく変わります。

収益を上げる部門を支援することで、人事はコストセンターから脱却し、プロフィットセンターの一部を担うプロフィットサポーター（業績向上支援者）となることが可能です。

では、プロフィットサポーターとなるために、人事に必要なことは何でしょうか。

第一は、企業の価値観、経営理念の共有です。

P&Gの価値観は、「誠実さ」「リーダーシップ」「オーナーシップ」「勝利への情熱」「信頼」です。また、人に関する理念として、次の3点があります。

・社員が会社にとって最も重要な財産

・個々人の業績のみで昇進・報奨が決まる（性別・国籍・年齢などで差別しない）
・内部昇進で組織の構築を図る（外部登用に頼らない）

仕組みづくりの前に方向と目的の明示がある

P&Gには、さらに共有すべき価値観を具現化した行動原則があります。

〈P&G社員の行動原則〉
・私たちは、すべての個人を尊重します。
・会社とその個人の利害は分かち難いものです。
・私たちは、戦略的に重要な仕事を重点的に行います。
・革新は、私たちの成功の礎です。
・私たちは、社外の状況を重視します。
・私たちは、個人の専門能力に価値をおきます。
・私たちは最高を目指します。
・相互協力を信条とします。

まずこうした原則・方向性があって、その原則・方向性にふさわしい人材をつくるための人事の仕組みが生まれます。

P&Gでは、「企業目的」「共有する価値観」「行動原則」などの経営理念を明確に示し、その理念を確実に体現し、理念の実現に向かって率先垂範している人が昇進していきます。

人事の基軸は経営理念にあるのです。

生産性を上げるのも人事の仕事

生産性とは〈成果÷コスト〉である

政府の「働き方改革」によって、改めて生産性について注目が集まっています。

企業にとっても、働く人にとっても、生産性は重要な問題です。ところが日本のホワイトカラーの生産性は、昔から世界的に見てかなり低いといわれています。

1980年代末のバブルのピーク時は、一人当たりGDPでアメリカを追い越していた日本ですが、この時代でも、OECD（経済協力開発機構）加盟国の中で、日本の一人当たり生産性は下位にありました。

一人当たりGDPではアメリカを少し追い越しましたが、一人当たり生産性では大きく水をあけられていたのです。

日本の生産性はその後も大きな改善は見られず、2018年時点でもOECD内のランキングは36カ国中21位となっています。

では、そもそも生産性とは何でしょうか。

生産性は〈成果÷コスト〉で表すことができます。

この他にもいろいろな人が、いろいろな立場で生産性を表現していますが、私は経験的にこれがスッキリしていると思っています。

つまり、生産性が低いというのは、労多くして益少ない「くたびれ儲け」に他ならないのです。逆に生産性が高いとは、あまり道徳的な表現ではありませんが、「労少なくして益多し（濡れ手に粟）」ということになります。

人の生産性を上げるためには

生産性は〈成果÷コスト〉ですから、生産性を上げるには成果を増やしてコストを減らす、あるいはそのいずれかを実行することとなります。

日本企業の生産現場では、生産性を上げるための努力が行われてきました。

世界的に有名な「カイゼン」や「ムダ取り」「ZD運動」などの施策で製造コストを引き下げ、素材開発やIT導入等によって日本の生産現場は生産性を高めてきました。

日本の生産現場では、単なるコストカットだけでなく、「付加価値創造」的な活動が伝

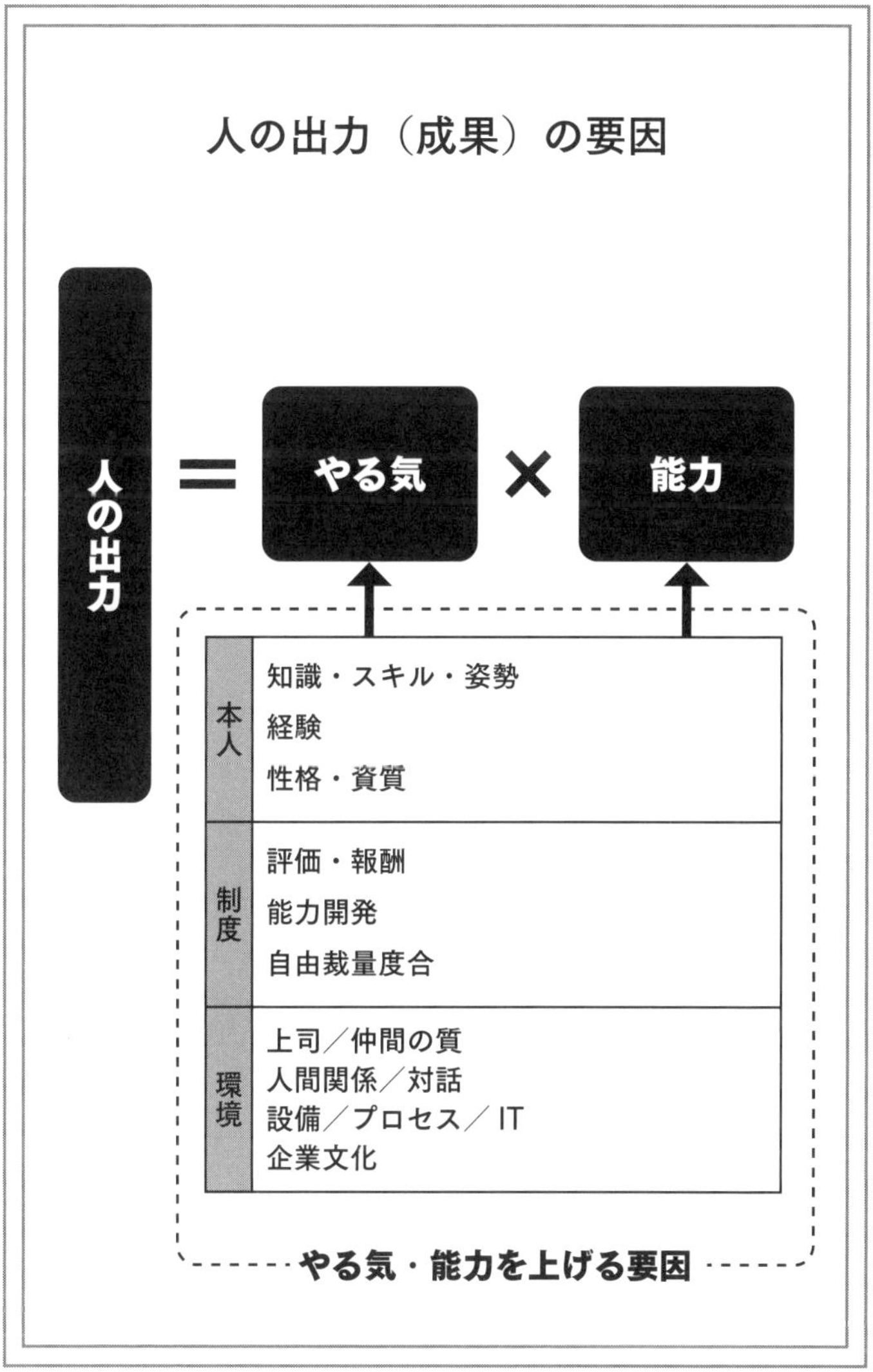
人の出力（成果）の要因
人の出力
＝
やる気
×
能力
本人
知識・スキル・姿勢
経験
性格・資質
制度
評価・報酬
能力開発
自由裁量度合
環境
上司／仲間の質
人間関係／対話
設備／プロセス／IT
企業文化
やる気・能力を上げる要因

統的に長く行われてきています。日本の生産性を細かく見ていくと、製造現場は世界的にも高い水準にあるといわれます。

一方、人に関わる生産性対策については、バブル崩壊後、多くの企業がコストカットに走りました。しかし「成果」が上がらないため、日本の一人当たり生産性はあまり変わっていません。人が上げる「成果」とは、人のアウトプットや業績のことです。

人の出力（成果）は、基本的には能力（スキル）とやる気（意欲）との掛け算ですから、スキルはあっても意欲がなければ成果が出ませんし、意欲はあってもスキルが伴わなければ同じ結果となります。

人のやる気と能力を引き上げるには、それぞれ前ページのような条件が必要です。

人の生産性を上げるには、「付加価値創造」的な人事施策が必要だったのですが、一部の経営者（人事スタッフ）を除き、それを怠ってきたのかもしれません。人件費抑制策によって報酬が下がれば、やる気の部分も後退し、結果として成果も低下します。

職場に北風ばかりが吹くようでは、人間関係も悪くなりがちです。

人事の力とは企業価値を上げる力

顧客が増えれば会社は儲かる

ピーター・ドラッカーは、企業（ビジネス）の目的とは「顧客の創造」にあると言っています。顧客を創造するためには、顧客満足の高い商品やサービスを他社よりもうまく提供することが必要です。

２０００年代に入ってから、顧客満足の高い商品・サービスの提供のことを「すばらしい顧客体験」、あるいは「（わが社の製品やサービスで）最高の体験をお客様に感じてもらう」といった表現をする会社が増えてきました。

顧客の満足度が高くなれば、商品やサービスを利用する顧客の数が増えます。顧客の数が増えれば企業の業績が上がります。

顧客が増えるということは、企業が社会からより多く支持され、信用されていることが前提条件です。企業が社会から支持され、信用されるということは、企業の価値（バリュー）が上がることを意味します。

では、企業の価値を高める原動力は何でしょうか？

売れる商品やサービスを考え、物をつくり、接客し、サービスを提供する従業員です。したがって、従業員の質が高ければ製品の品質が上がり、接客やサービスの品質も高くなります。製品の品質や接客・サービスの品質が上がれば、顧客の満足度が高くなります。

つまり、企業の業績と価値の向上は、従業員の質を上げる、すなわち正しい人事を行うことで高まるということです。

経営者に不可欠な人事力

社員の質を上げるのが人事の役割です。社員の質を上げるのは、短期的には会社の価値と業績を上げるためであり、会社の価値と業績を上げるのは経営者の役割ですから、人事力と経営力とは一体不可分で、いずれも原点にいるのは社長です。

つまり人事力とは、社長の力でもあるということになります。

次ページの図にあるように、会社の業績や価値は、組織のトップリーダーである社長の価値観、人材観に基づいた人事の力によって決まるのです。

人事の力とは企業価値を上げる力

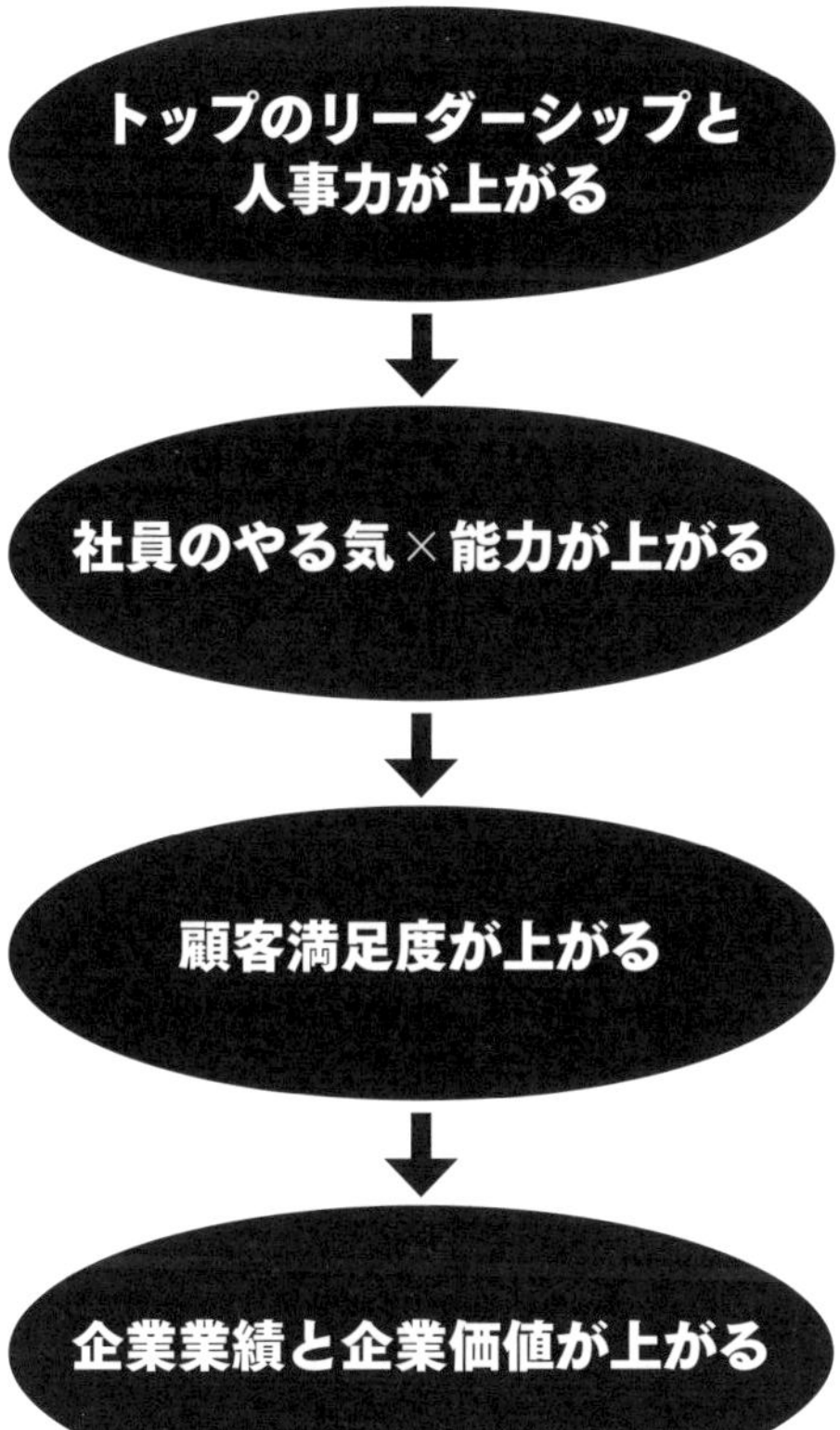

社長が必ずしも経理のプロである必要はないように、社長が人事スタッフと同様の細かな専門知識とスキルを身につける必要はありません。必要なのは、人事と組織に関する基礎知識です。

人事が経営にとって不可欠であることは、すでにわかっていただいたと思います。うちは中小企業だから人事は不要という考え方は、大きな勘違いであり、社長が最も人事の重要性を認識していなければなりません。

企業経営の原点には社長がいます。人事の原点も社長です。すべてのスタートは社長からはじまります。

そして、すべての結果も社長に還ってくるのです。

社員の幸福と会社の利益は両立できる

社員満足が顧客満足の源泉

従業員と顧客は同等に重要です。

アメリカのディズニー・インスティチュートの人事担当取締役は以前、米国人材マネジメント協会の年次大会でこう言いました。

「満たされていない社員はゲスト（顧客）を満足させられない。従業員をゲスト同様に位置づけ、大切にすることによって、彼らを生き生きとさせ、顧客満足を実現できる」

先述したとおり、現場で製品をつくっているのも、顧客にサービスを提供しているのも従業員です。

したがって、その従業員がいやいや仕事をしていて、顧客が満足するようなよい仕事ができる道理がありません。

「社員満足が顧客満足の基盤」というのは当然です。

顧客一辺倒や財務指標偏重、株主最優先で従業員を犠牲にするような経営では、企業の持続的な繁栄は望めません。

従業員満足はES（Employee Satisfaction）と呼ばれています。近年は、従業員満足よりも「社員エンゲージメント」という言葉をよく使います。

社員エンゲージメントとは、社員の会社や仕事に対する愛着心や貢献意欲のことです。

社員エンゲージメントが上がれば、生産性は上がる。エンゲージメントが下がれば、生産性が落ちる。これは、ギャラップ社のグローバル調査でも証明されています。

社員エンゲージメントを高めれば、顧客満足度は高まり、ビジネス（収益と利益）が伸びるという事実は、すでに検証されています。ESなくしてCS（顧客満足）なし。これを認識しているところが勝ち組企業となっているのです。

つまり、人事の肝となるのは、社員の会社に対する愛着心や貢献意欲を高める施策をいかに展開するか、ということになります。

社員満足を最も左右するのは上司

昔から「サラリーマンの幸福は上司で決まる」といいます。

従業員の幸福感には、上司との人間関係が大きく影響するというのは間違いではないでしょう。

私の最初の上司はインド人でしたが、このインド人上司との出会いが私のビジネス人生に大きな影響を与えたといっても過言ではありません。

この上司から学んだことはたくさんありますが、なかでも特に重要だったのは、「毎年自分の足跡を残す」ということでした。

つまり、毎年「何か新しいこと」「何かユニークなこと」にチャレンジすることを求められたのです。

失敗も成功もありましたが、考える楽しみ、挑戦する楽しみ、結果を出すことの楽しみは、私にとって大変重要な体験でした。

困難な仕事を成し遂げて上司や会社から認められたとき、人は達成感を覚え、その成功体験が自信を深めます。

仕事が人を成長させるのです。

評価とは、人を成長させるための手段でなければなりません。

仕事の成功は、会社に利益をもたらすだけでなく、それを担当した本人に充実感と幸福感と成長をもたらすのです。

したがって、社員の幸福と会社の幸福は両立できます。

しかし、そのためには上司の影響が大きい。上司の影響は、よきにつけ悪しきにつけ絶大です。

中小企業の人事に求められる能力

人事に求められる5つの能力

人事施策の構築に求められる能力とは何でしょうか。

以前、ＳＨＲＭ（Society for Human Resource Management：人事プロフェッショナルの世界的な団体）が、「人事の5つの能力」を発表しました。

5つの能力とは次のとおりです。

1　戦略的貢献能力（Strategic Contribution）

戦略的貢献能力とは、組織に適切な人材開発戦略を立案実行する能力、変化に対応するための制度や仕組みを取り入れる能力、企業文化を醸成する能力。

2　ビジネス知識（Business Knowledge）

マーケット全般の知識や組織論、マネジメント理論などの広範な知識。

3　信用力（Personal Credibility）

信用されるために必要な能力とは、結果を出す実行力、対人関係構築スキル、リーダーシップなど。

4　HRデリバリー（HR Delivery）

聞きなれない言葉ですが、いわゆる採用、人材開発、組織デザインと組織開発、パフォーマンス管理、給与・福利厚生などのこと。

5　HR関連IT技術（HR Technology）

AIの活用やIT技術を人材開発に最大限に導入していくこと。

人事戦略を立てる上で押さえておくべきこと

「戦略的貢献能力」に関しては、企業ビジョン、ミッション、戦略を把握し、そのための人材と組織がどれくらいできているのかを把握することが先決です。

中小企業でも、社長を含め、少なくとも次の点は明確にしておかなければなりません。

○わが社のミッションとビジョンは？

○わが社は具体的にどのようにして収益・利益をつくっているのか？

○わが社のターゲット市場と顧客、その優先順位は？
○わが社はどのような活動とプロセスで顧客にとっての価値を生み出しているのか？
○わが社の離職率と離職の理由は？

戦略の効果を上げるために、コミュニケーション力の強化は不可欠です。

「経営会議で決まったから、この制度を導入します。後日活用方法を説明しますから、○月×日から使ってください」という通達だけでは、社員は動いてくれません。

東海道新幹線が開通したとき、当時の技術スタッフは新幹線用の特製の冶具をつくり配備しましたが、その際、技術スタッフが各保線区に飛び、現場の保線作業員の意見を聞きながら車座になって説明したといいます。

私はマーケティング部から人事部へ異動後、先に人事部に異動していたマーケティング部の元上司と、今の人事に必要な能力は「マーケティング力（マーケティング的メッセージ力）」だと痛感し、P&Gらしいビジネスメッセージのつくり方、発信の仕方を人事スタッフに啓蒙しました。

「ビジネス知識」は、ラインや現場に積極的に赴き、そこでの対話の中で深めることが大事です。

人事の能力を上げるための5つのステップ

制度やシステムの押し売りではなく、「使いたい、活用させて」と社員から要求が出るようなメッセージ力を持てば、人事的な施策の効果はかなり上がります。

人事に求められる5つの能力を高めるには、やはり次の5つのステップがあります。

1 5つの能力に関して、セルフアセスメント（自己査定）をする
2 不足と思う項目を強化する優先順位を決める
3 人材マネジメント協会など、外部メニューから強化支援のオプションを探し、人事力強化計画を立てる
4 人事力強化計画を実行する
5 学習し実行したことを他のメンバーとも共有し、人事全体の底上げを図る

中小企業では、下から人事スタッフを育て上げつつも、トップが人事の頂点に立って指揮を執るほうが現実的です。したがって、この5つのステップは、社長の自己啓発のためのステップであるともいえます。

残業時間を減らしても売上を落とさない仕組み

なぜ残業が減らないのか

残業の多い人には、大きく5つの問題があります。この5つの問題が、ほとんどの恒常的な残業の原因といっても過言ではありません。

1　業務の集中または業務の過多――できる人に仕事が集まることはよくあります。こういう会社では、忙しい人とそうでない人の労働時間や集中度合いのばらつきが散見されます。基本的な問題のひとつは、上司の管理不行き届きにあります。

2　仕事の優先順位の不備――仕事の遅い人の特徴として、戦略的に優先順位をつけて仕事を進めていないという傾向があります。

3　能力不足――仕事をこなすための専門知識やスキルが不足しているために時間内に

業務を終了できない人もたまに見受けられます。

4　残業代のための残業――残業が恒久化して、残業代を含んだ給与で生活パターンができている人のケースです。

5　残業が当たり前の企業文化――こうした会社は、日本企業には昔から多く存在します。問題は残業が習慣化していることですが、残業が減らない原因には、残業を減らすと会社の売上が減るのではないかという経営者の不安も見逃せません。

残業時間と残業代が減るのはよいが、売上が落ちるのは困るというのは、中小企業にとっては切実な問題です。そのため、経営者も残業を減らすことになかなか踏み切れません。総合的な労働時間が減れば、同時に成果も落ちるのではないかと不安を覚えるのは無理からぬことと思います。

しかし残業には、先に挙げた5つの問題のように、本来は時間内にできることを、仕事の配分や仕事のやり方のまずさによって時間外までやっている、ということが多いのです。会社によって差はありますが、残業時間の多くが「不要な残業」で占められているという事実も見ておくべきです。不要な残業は、減らしても成果は落ちません。成果を落とさず残業を減らすことも、人事の仕組みで対処可能です。

収入が補償されれば残業は必ず減る

成果を落とさずに残業を減らすには、まず社長が「わが社では残業のない仕事の仕方を進める」と決断し、宣言することが必要です（実際のところ、この「宣言」だけで残業が減った会社もあります）。

次に、時間当たりの生産性の高い仕事の仕方に対し、報奨する仕組みをつくります。時間当たりの生産性の高い仕事の仕方とは、時間内に必要な仕事を終えるということです。

残業時間を減らし、それに見合う金額が報奨金として補填されると、社員は残業をしなくてもこれまでの残業代込みの収入とあまり変わりませんから、残業代のための残業をする必要がなくなります。

むしろ、なるべく早く仕事を済ませようという動機が生まれます。

残業代の減少分を報奨金で補填している企業では、残業しないために自ら進んで時間内に仕事を終える段取りをする（個人の生産性を上げる）ように働き方が変わってきています。

残業を減らすために報奨金を出すということには抵抗があるかもしれませんが、残業代を減らした分を報奨金として当てれば、コストに関しては残業をしていたときとほぼ変わりません。

むしろ、光熱費や備品関係の削減で若干のプラスが期待できます。

残業を減らしても成果に変化はない

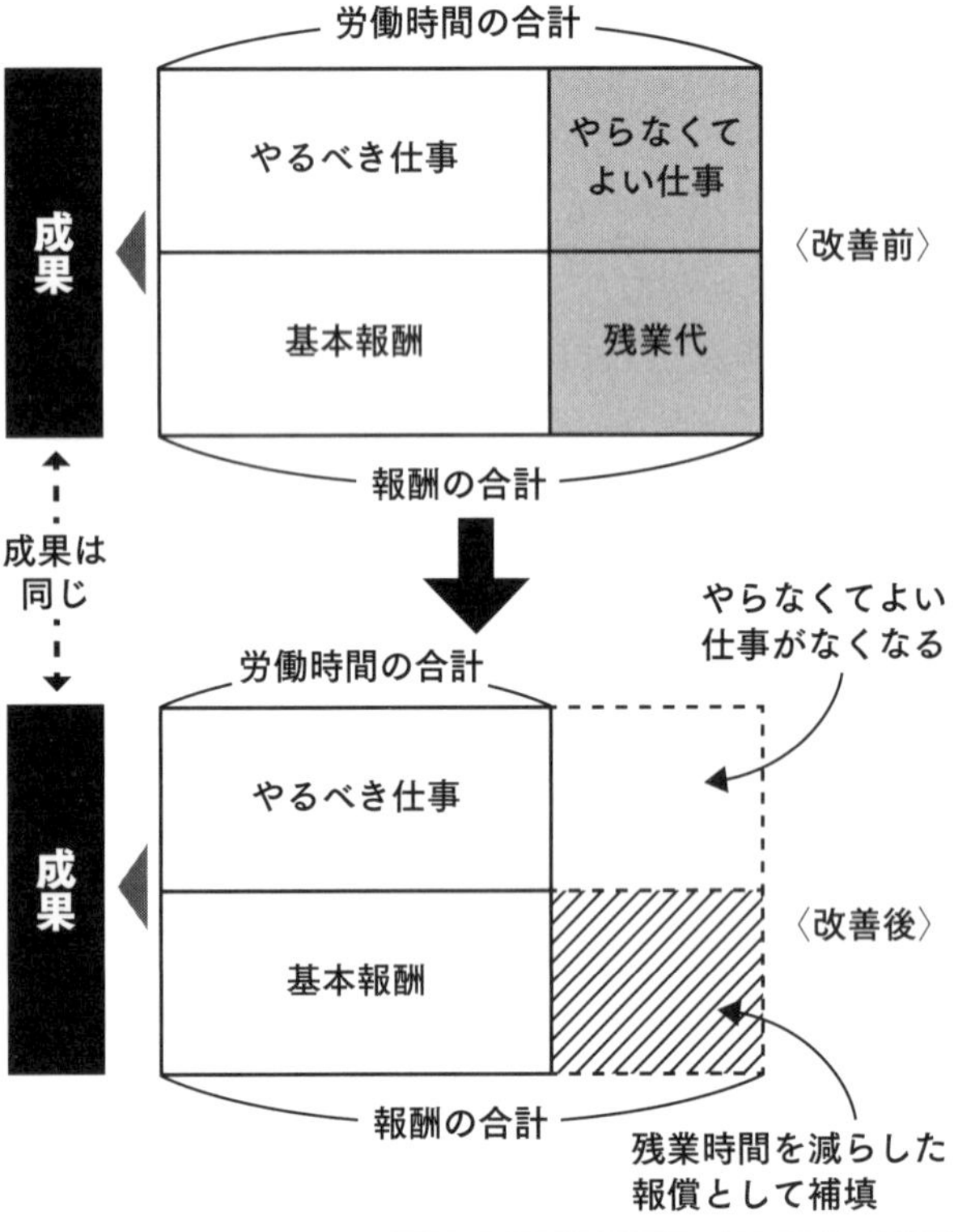

残業時間は減っても成果と報酬は変わらない

成果に関しては、時間内に成果を出すことが前提ですので、残業を減らしたからといって大きく落ち込むことはありません。

最初のうちはもたつくかもしれませんが、時間内に仕事を終わらせることを習慣化すれば、社員に時間当たりの生産性意識が芽生え、会社全体の体質改善へとつながる可能性があります。

そうなれば、社員のスキルと会社の体質のステージが一ランク上昇です。

残業を減らすための方法は、本質は時間当たりの生産性を上げることですから、残業を減らすことで会社の体質が大きく改善されるのは当然のことといえます。

こうして会社を儲かる体質に変えていくことも、人事の施策の一環と考えてください。

成果主義人事が必ずしも生産性に貢献しない理由

成果主義は誤訳から生まれたもの

欧米の企業では成果主義という言葉は使われていません。成果主義人事というと外資系の制度のように思われがちですが、実はそうではないのです。

Ｐ＆Ｇを含め、多くの外資系企業にあるのは“Pay for Performance”という原則です。日本では、この「ペイ・フォー・パフォーマンス」を業績結果に応じて支払うと解釈し、成果主義という制度ができました。

パフォーマンスを業績や成果といった「結果」のみのことであると見ることには問題があります。パフォーマンスは性能という意味を含んでいますので、結果のみならず、ある状況下でその結果を出せるだけの能力、やり方や実行のプロセス、また工夫や努力もパフォーマンスなのです。

パフォーマンスを「成果」としたため、日本の成果主義人事は結果だけを見てプロセスを見ない、不完全で、納得度の低い制度になってしまったと私は思っています。

「ヨーロッパ人は賢く働くが日本人は長く働く」といわれる日本企業特有の職場の慣習を改める点では、成果主義人事も有効な面がありますが、結果として日本企業では（結果一辺倒の）成果主義人事の成功例はあまり多くありません。

現在でも間違った成果主義人事を継続している企業はありますが、かなりの換骨奪胎を繰り返して運用しているのが実態のようです。

成果主義人事がうまく機能しない企業には、次のような問題があったと思います。

・総人件費の抑制（人件費削減）策として見たこと
・個人重視、チーム軽視と見たこと
・人材育成の手段と考えず流行に流されて導入したこと

不完全な評価制度

中小企業において、成果主義を含む評価制度がうまくいかない原因は、もっと技術的な問題です。成果は、それが目標に対するものであれ、会社が求める結果であれ、できたのかできなかったのかだけを見るのであれば、評価は簡単です。

成果主義が必ずしも生産性に貢献しない理由

●成果のみを見て環境要因を加味しない
●能力・意欲の向上にひもづけていない

環境要因を加味するとは?

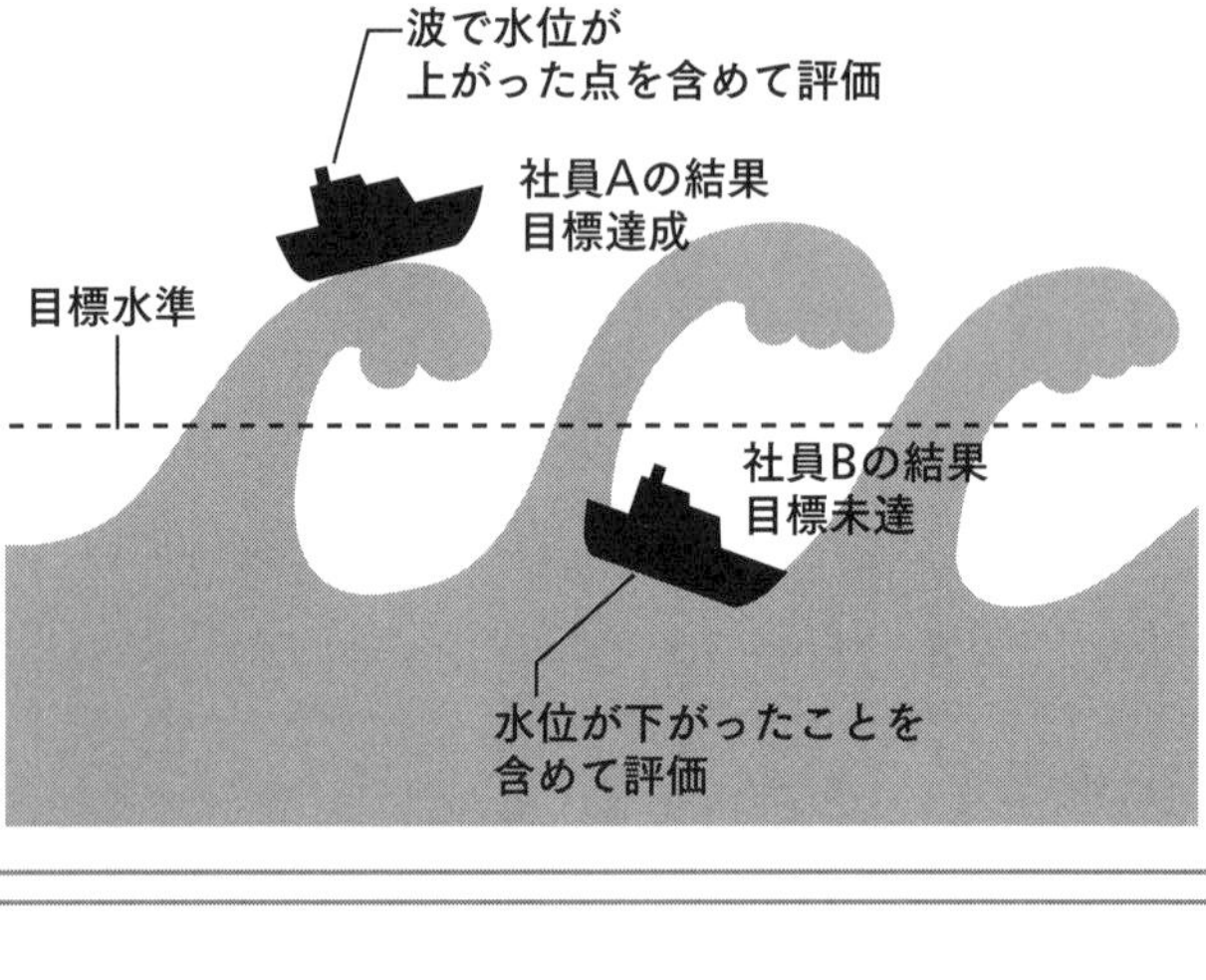

しかし、それが正当な評価か、となると必ずしもそうとはいえません。なぜなら、結果だけを見て、状況とプロセスを評価していないからです。たまたま市場環境に恵まれた商品を担当した人と、きわめて市場環境が悪い商品を担当した人に、結果だけで正しい評価をすることはできません。

例えば、前年対比プラス20％の市場の製品を担当している人が目標の120％を達成した場合、逆に、マイナス30％の市場の製品を担当している人が目標の90％だった場合、それぞれどう評価すればよいでしょうか。

結果に影響を及ぼす環境要因は市場環境だけではなく、戦略の修正、商品やサービスの突然の問題、社内の組織変更など様々あります。

さらに、正しい評価で重要なのは、そのような環境や状況の変化、突発事項に対して、社員がどのように新たな策を考え、対応措置をとったか、社内関係者や外部パートナーとどのように協働したのか、などの行動やプロセスを、どのように公正に評価するかです。

儲かる組織の条件

以下の要素が組織に整っていること

1.	ビジョンを語り、期待される行動を率先垂範し、組織を活性化し、変革活動を強力にサポートする経営陣やリーダーがいるか
2.	競合他社より優れ、かつ独自性をもった顧客満足戦略を実行しているか
3.	社員全員がオーナーシップをもって考え、行動する文化があるか
4.	戦略実行に適切なプロセスとその支援プロセス、業務フローがあるか
5.	人材と組織を強化するしくみと制度があるか
6.	フラットで階層が少なく、意思決定と行動の早い組織であるか
7.	戦略を運用できる能力、行動と姿勢、コミットメントをもった人材を備えているか
8.	明確な組織の目的、価値観があるか

CHAPTER 2

採用とは未来のリーダーを獲得するシステム

人材像なくして採用の成功なし、まず人材像を定めよう！

採用を成功させる条件

私は社長や経営陣に向かって「どういう人を採用したいのですか」という質問をよく投げかけます。「経験・経歴のある人」「人柄を重視する」など答えはさまざまですが、「とにかく元気で勤勉な人」と、本当にザックリとした答えを返される人もいて驚かされます。

採用のときに、なんとなく優秀そうで、なんとなく人柄がよさそうで、なんとなく気が合いそうな人を採用していては、適材適所の採用は難しいでしょう。面接官の印象や好みで選抜すれば、採用は失敗するというのが人事のセオリーです。

採用では、面接官の好みや相性ではなく、会社にとって必要な人材か否かを判断しなければなりません。

しかし、求める人材像が明確でなければ、会社にとって必要な人材かどうか、判断のしようがありません。それでは効果的な採用活動は行えません。採用を成功させる条件は、まず第一に、必要な「人材像」を定めることです。

では、人材像とは何でしょうか。だれが、どうやってつくるのでしょうか。

人材像とは、企業の目的、ビジョン、価値観を達成するために必要な「人材」の条件を定めたものです。ただし、企業と同じで人材も長い時間軸で見なくてはなりません。いまはよくても、将来成長できない人では困ります。

したがって、新卒者を採用するときは、いまのスキルよりも、どれだけ成長できる可能性のある人かを見ることが重要です。つまり、知識、学歴、経験、スキル以上に大事になるのは人柄・人格ということになります。これは、日本企業も外資系企業も同じです。

人材像を決めるのは社長の仕事

では、人材像を決めるのはだれでしょうか。

それは、もちろん企業の理念や価値観を決める人、すなわち中小企業では社長です。理念や方針、戦略を決めるのが社長の仕事であるのと同様、「わが社の人材像」を決めるのも社長の仕事です。

つまり、人材像とは「社長が求める人材」ともいえます。

理念や方針、戦略は、全社員に共有されていなければ効果を発揮しません。同様に、人材像も全社員に浸透していなければ効果を発揮しませんので、明確な形で社員に向かって示されていることが大事です。

なぜなら、人材像は採用のときの基準であるだけでなく、いまいる社員たち全員が目指すべき姿でもあるからです。

「明確な人材像」を明文化している会社は少ないようですが、社長の心中には必ず望ましい人材像があるはずです。

人材像なくして採用の成功はありません。もし、いま「人材像」がなければ、ただちに企業の価値観、理念、信条をもとに作成してください（次ページの図参照）。

成功する採用は、そこからスタートします。

企業の目的、ビジョン、価値観は、会社に必要な人材像を明確にするときの基盤です。なぜなら、「企業の目的、ビジョン、価値観の達成、実現に貢献する人」が人材像の原点だからです。企業の目的・ビジョン・価値観とミッションが明確でなければ、効果的な「必要な人材像」をつくるのは困難です。

人材像づくりのための
チェックシート

わが社の人材像づくりチェックシート

- [ ] 会社のミッション（使命）を果たし、ビジョン（ありたい将来像）を実現するために必要な社員はどのような特徴を持っているべきか?

- [ ] 会社の社是社訓、あるいは企業理念から見える期待される人材とはどのような特徴を持っているか?

- [ ] 会社の企業戦略や中期経営計画を実現するためには社員はどのような強みを持っているべきか?

- [ ] にかかわらず成果を出し続け、すばらしいとされるリーダーの強みとなる特徴はどのようなものか?

- [ ] 業界にかかわらず、すばらしいとされるプロフェッショナルの強みとなる特徴はどのようなものか?

- [ ] 上記1〜5で確認した人材像にはどのような類似点・相異点があるか?

人材像は能力よりマインド、知識より行動重視で

「会社に合う人」とは価値観を共有できる人

人事の心得に「能力は訓練で、人柄は採用で」というものがあります。

能力は採用してからでも訓練で補えますが、人柄は採用のときに見分けるしかありません。また、人材像の要素のほとんどは人柄で決まるものです。したがって、採用ではとりわけ人柄に注目します。

人柄は行動となって表れます。

知識も、それが行動となって表れていなければないのと同じ。「知って行わざるはすなわち知らざるなり」、肝心なのは行動です。

そして、行動を生むのは本人のマインド、考え方・価値観です。

必要な能力はあとから習得させることができますが、人柄の構成要素である価値観やマインドは、長い人生経験で染みついたものです。あとから変えるには、変えるほうも変えられるほうもかなりの労力が必要となります。

ですから、「わが社はどういう人を求めるのか」という人材像をつくるときには、「あるべき行動」から遡って示すのも有効な方法です。あるべき行動が明確であれば、どういう価値観や考え方の人が求められているかもより明確にわかるからです。

どういう人が求められているかが具体的にわかれば、新人の採用のときに役立つのはもちろん、社員が自己啓発をするときにも何を学ぶべきかの指針となります。

人柄は、考え方、行動特性、価値観などの総合評価で見ます。ただし留意点があります。それは、人柄の評価基準をできるだけ具体的に定めておくこと。人柄の評価を抽象的なままにしておくと、面接官（評価者）によってばらつきが生じるからです。

P&Gが求める人材像

たとえば、「改革する人」が人材像であるのなら、自ら新しいことに着手し、実行し、達成することが「あるべき行動」です。「信頼」を重視するなら、相手の話を傾聴し、常に裏表なく、困難な状況でも正しい行動をとる、などとなります。

ちなみにP&Gには、「共有する価値観（バリュー）」というものがありますが、その価値観から導き出された「期待される人材像」とは次のとおりです。

誠実で正しいことをする　INTEGRITY
リーダーである　LEADERSHIP
オーナーシップをもって行動する　OWNERSHIP
ベストであり続ける　PASSION FOR WINNING
仲間を尊重し信頼する　TRUST

外資系企業では、定期的に企業の理念やミッション、それに伴う「人材像」や「行動基準」の見直しを行っています。P&Gの「期待される人材像」も、以前とはすこしずつ変わってきました。

根本の精神が大きく変わることはありませんが、時代や社会、事業環境の変化に応じて、企業もまた変化しなければなりませんから、人材像が変化するのは当然です。

行動基準は人材像の具体化

次に、行動基準の一例を紹介しましょう。

たとえば、「協調、協働、チームワークで成果を上げる人」を人材として求める会社であれば、具体的な行動基準は次のようになると思います。

行動基準の例

1 私たちは互いを尊重し合います。
2 私たちは常に改善とイノベーションの機会を見つけます。
3 私たちは守りに入らず、新しいことに挑戦します。
4 私たちはデータに基づいて意思決定します。
5 私たちは関係者を巻き込み、協働して成果を出します。
6 私たちは本音で話し、建設的に議論を交わします。
7 私たちは常に誠実であり、正しい行動をとります。

採用を成功させるための基本ステップ

採用失敗の原因

新入社員が3年以内に辞めるようなら、それは採用が失敗だったということです。

想像していた仕事と違う、自分には別の仕事（会社）のほうが向いていると言って新入社員が辞めるのは、無論、新入社員の側にも責任はありますが、「不適材不適所」を見抜けなかった採用側のスキル、あるいは方法に改善すべき点があるということです。

品質管理の第一人者、デミング博士は、「問題やミスの85%は仕組みの問題である」と言いました。採用に失敗する人事の仕組みには、どんな欠陥があるのでしょうか。

まず、基本的な採用のステップから再確認しましょう。

採用の基本ステップは次のとおりです。

1　募集職務のジョブ・プロファイル作成

どの職務を行う人材を求めているのか、期待される成果は何か、どのような資質と行動特性が必要とされているのか、必要な経験や能力などを記載するものです。

2　採用準備書類作成

3　採用者募集方法の策定

どのように告知するかを決めます。ホームページ、ネット広告、リクルーティング会社への委託などが代表的です。社内公募ということもあるでしょう。

4　評価方法と評価者の選定

どのように応募者を選定するかを定めます。具体的には、事前スクリーニング、筆記テスト、集団インタビュー、個別面接、グループワーク、能力（実施）テストなどとなります。同時に、試験官や面接官などを社内のだれが担当するかを決めます。

5　履歴書スクリーニングと試験・面接の設定

6　面接質問票の作成

面接時の質目項目を人材像に沿って作成します。

7　採用面接の実施

8　最終候補者選定

試験官、面接官が集まり、最終候補者を選定します。

9 レファレンスチェック（必要に応じて）

選定された応募者の履歴確認などを行います。中途採用の場合は、前の職場の上司や仲間に確認することもあります。

10 採用者決定

採用は面接官の質問技術で成否が決まる

「採用ミスの5割は第一印象で決めることに由来する」といわれるように、面接時には最も大きな落とし穴があります。

面接で失敗しないためには、面接官の主観を取り除き、客観的に職務と自社の理念や価値観にフィットする人材かどうかを見極めるため、前項6の面接質問票作成時に具体的な質問項目を用意することが肝心です。

また、面接官には質問テクニックも必要です。たとえば、イノベーションを起こせる人材を求めているとき、唐突に「これまでどんな革新を起こしましたか」では、答えるほうも答えづらいでしょう。

面接は応募者を知ることを目的としていますので、応募者が答えたいと思うような流れをつくることが面接官の技術でもあります。

例えば、「これまで一番達成感のあったこと、やりがいを持ってできたことには、どのようなことがありますか」と、まず応募者が話したくなるような体験を聞きます。

そして、応募者がやりがいを覚えた出来事に関して、「では、その中であなたはどのようなことに一番貢献できたと思いますか」と尋ねれば、その人の革新性や革新度合い、行動傾向なども把握できるものです。

質問項目を決めるだけでは、面接する人によって質問はかなり変化するので、「求める人材像設定」→「質問項目」→「質問の仕方」と落とし込んでいくことが肝心です。こうすることで面接担当官によるばらつきが抑えられ、応募者のことが理解しやすくなります。

一般に質問には、クローズド質問とオープン質問があります。

クローズド質問とは、「しましたか?」「ですか?」などの、答えが「はい」「いいえ」でできる質問です。

オープン質問とは、「~のとき、どのように対応しましたか?」「それはどうしてでしょうか?」など、相手に考えさせる質問です。

クローズド質問では、あまり相手のことを深く理解できません。

面接では、オープン質問を基本にすることをお奨めします。

人は多くを話せば話すほど、本音や本質が表に現れます。面接は、応募者のことをできるだけ深く知ることが目的ですので、オープン質問のほうが適しているのです。

質問項目と質問の仕方が決まりましたら、面接担当官の間で質問項目、具体的な質問の仕方を読み合わせして、最終確認をします。頭ではわかっていてもできないことは多いので、実際にロールプレイを重ねて、自然に質問ができるようにしておくことが大切です。

面接で評価する点をあらかじめ決めておく

このとき、どういう回答が合格ラインなのか、どういう回答が望ましく、どういう回答が不適なのかなど、回答の評価基準を面接担当官の間ですり合わせておくことも大変重要です。

このプロセスをしっかりやっておかないと、その後の採用選定の段階で判断基準がまちまちとなり、採用の失敗を招きかねません。秋の虫の音をすばらしいと感じる人と騒音と思う人がいるように、すばらしさの基準も人によって異なります。

もうひとつ、面接担当官が確認しておくことがあります。

それは、面接をする人は、応募者から見れば会社の代表者であるということです。会社の代表として、温かく相手を受け入れ、求める人材像のお手本のように振る舞い、プロフェッショナルらしい言動で応募者と接することが面接官の基本動作です。

面接官の中には、応募者にプレッシャーを与えて相手の反応を見ながら、プレッシャーに耐えられる人材かどうかを見ようとする人もいます。

しかし、それは最初から行うことではありません。まずは応募者が「わが社が求める人材像」に合致するかどうかを確認することが最優先事項です。

無用の質問を控え、面接官同士のすり合わせのためにも、面接担当官が集まって質問項目の意味の確認や回答の評価について確認し合うプロセスが必要であり、それが採用を成功に導く「ひと手間」となります。

若者が3年で辞める原因は面接時につくられる

応募者に誤解を与えてはならない

新卒者の3割が入社後3年以内に辞める、という現象が数年前から起きています。

ビジネスシーンでは、顧客の不満の主な原因は、期待価値より使用後の体験価値が低いことにありますが、早期離職も同様です。

就職活動中に聞いたことが現実の職場と異なる、ありていに言えば、もっとよい職場、あるいは面白い仕事だと聞いていたのに、現実の職場は上司・先輩は自分のことばかりで、新人にはアドバイスもなければ支援もない。

または、とても面白い仕事だと言われて入ったのに、雑用しかやらせてもらえず、まったく面白くない、というようなことです。

採用面接はお見合いのようなものです。採用する側が応募者を理解するだけでなく、応募者にも会社を正しく理解してもらう場でもあります。お互いに取り繕ってよいところだけを見せ合っていては、相互理解はまず不可能です。

正しい相互理解がなければ、行き着く先は破談か離婚です。

繰り返しになりますが、採用した新人がたいした理由もなく3年以内で辞めていってしまえば、それは採用の失敗ということです。応募者に正しく「わが社」を伝えるための最後の舞台が面接であることを、面接担当官は心得ていなければなりません。

面接を担当する人にとって、応募者を理解するための質問のみならず、応募者にわが社をよく理解してもらうための質問をすることも、重要な質問の技術なのです。

正直は最善の策なり

欧米系企業の価値観には、「インテグリティ（Integrity）」という単語がよく入っています。

インテグリティとは、辞書では誠実さと書かれていることがありますが、正確には「常に裏表なく、正しいことを正しく行っている」ことです。

面接担当官は応募者にとって会社の代表ですから、応募者の質問には、真実を誠実に話すインテグリティのあることが基本です。他社ではなく、なぜわが社に入るのがよいのか

採用面接で大事なこと

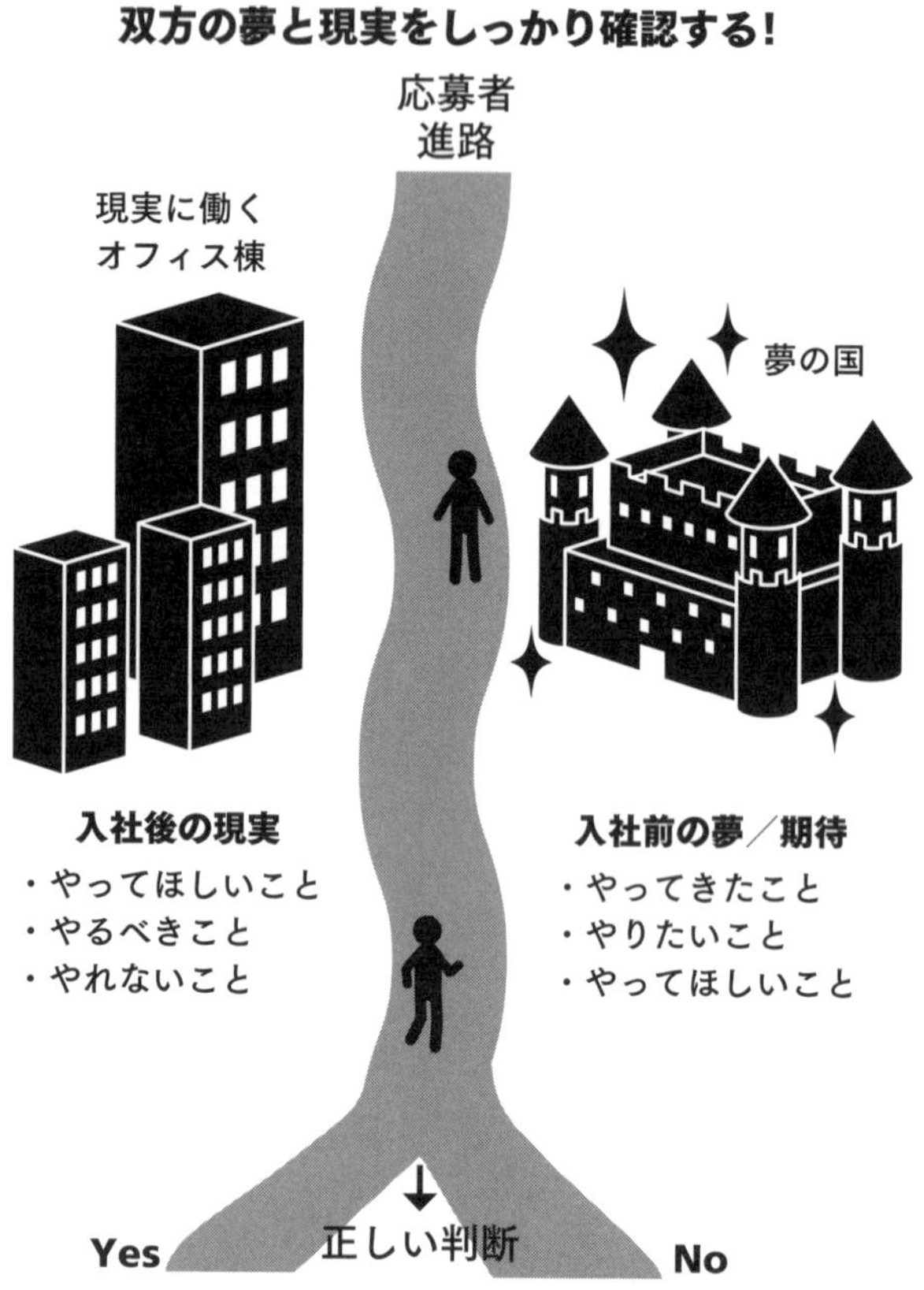
双方の夢と現実をしっかり確認する!
応募者
進路
現実に働く
オフィス棟
夢の国
入社後の現実
・やってほしいこと
・やるべきこと
・やれないこと
入社前の夢／期待
・やってきたこと
・やりたいこと
・やってほしいこと
正しい判断
Yes
No

を熱く語ることもたいへん重要です。それと同様に、わが社で働く現場の真実、そしてわが社ではできないこと、やってはいけないことも必ず話さなければいけません。

入社させたいがために、労働時間や職場環境をかなり脚色して話したり、職務的にできないことをできるかのように紹介したりすれば、そのツケは必ず3年以内に取り立てられることになります。

リクルーティングの世界では、早期離職があった場合、採用の準備、広告、労力、そして新人が入ってからの研修教育、そこに関わった上司や先輩社員の労力などをコストとして合計すると、面接担当や採用担当の年収の2倍くらいになるといわれています。

ディズニーパークの採用面接では、面接の前にパークで働く人の1日の行動をビデオで見せています。そこで具体的にどういうことをするのか、どういう現場の状況でどういう判断をするのか、どのような行動が期待されるのかを理解してもらいます。

次に、できないこと、やってほしくないこともビデオで説明します。その結果、面接前のビデオを見た段階で、15～20%くらいは面接を受けずに帰るそうです。

こうしたアプローチも面接のミスマッチを防ぐ方法のひとつといえます。

採用ツールを使って失敗を防ぐ方法

事前にプロファイルをつくっておく

面接で相手の真実を理解するには、いくつかの準備も必要です。そこで、より深く応募者を見るための具体的なアセスメント（評価）ツール、ここでは代表的なプロファイル（どういう人物かを見る）ツールについて説明します。

■価値観特性把握ツール（なぜそれを行うのかを見る）

人の行動には価値観が大きく影響しています。

人間の仕事に関わる6つの価値観（実利、論理性、伝統、社会性、審美性、権力）に関して、応募者が感じている各々の価値観の重要性を見ます。たとえば、社会性（貢献）は相手に対して貢献することに価値を置いているということですが、これが高くなければ、サービ

価値観特性把握ツール

価値観の分布

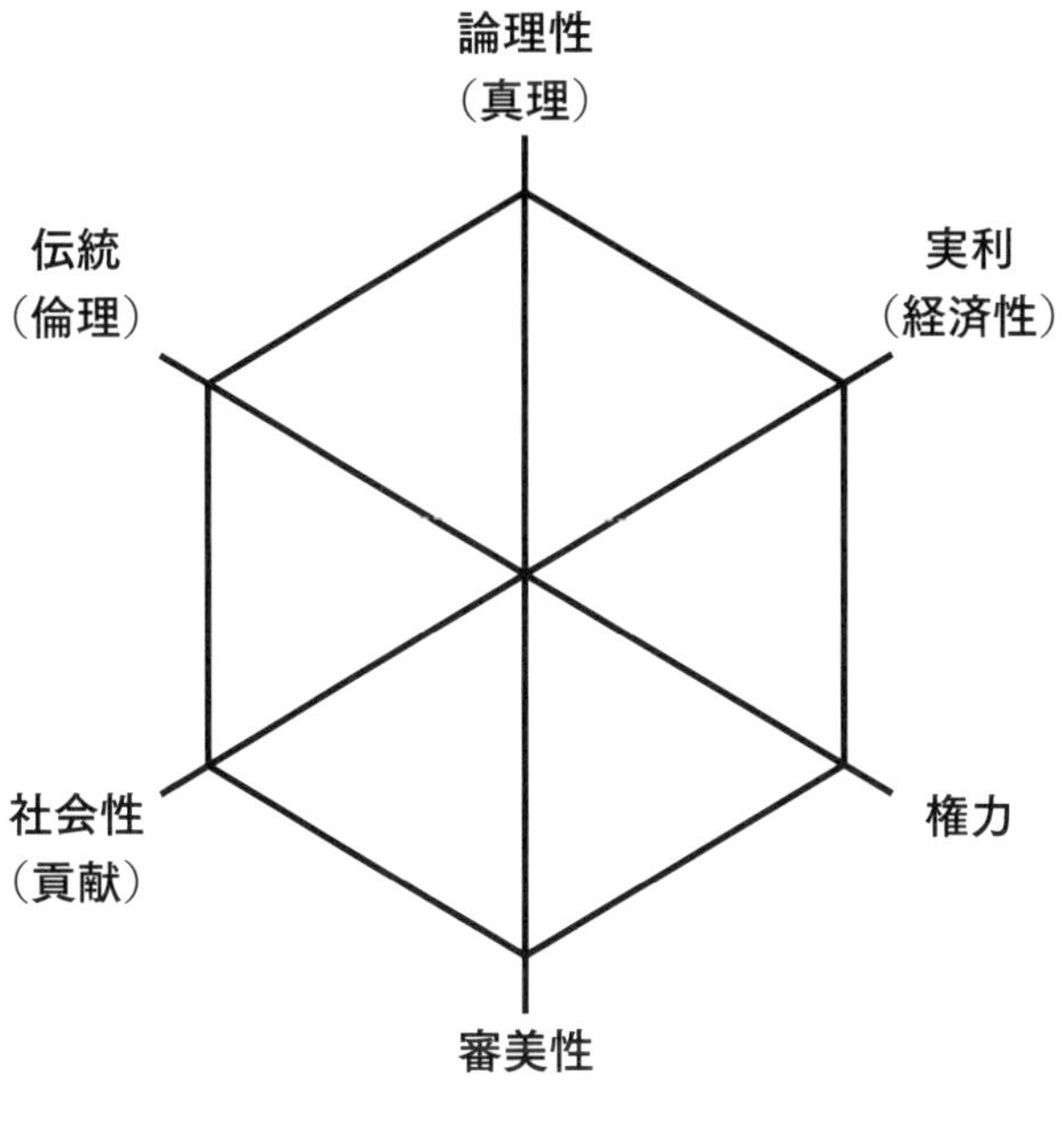

ス業の仕事には向きません。

また、実利（経済性）は経済効果を求めることですが、この価値観の低い人は、営業には不向きです。

伝統（倫理）の価値観が高い人は、決められたことや伝統を遵守することに価値を置く人ですので、コンプライアンスに携わる人には重要です。

このツールによって、本人が重要視している上位3つの価値観と全体のバランスが、業種や職種・職務にフィットしているかを見ます。

■資質特性把握ツール（何が強みなのかを見る）
このツールは、仕事や生活に必要となる資質に関して、応募者の成熟度合いを見ます。たとえば、自己管理能力、結果志向、対人影響力、チームワーク適性、意思決定力、問題解決力、自発性、傾聴力など、業務遂行に大切な資質が含まれています。

■行動特性把握ツール（どのように行動するのかを見る）
これは、局面ごとの行動パターンを把握し、「主な行動特性」「組織への貢献」「言動の改善点」などから職種や職務に適性があるのかを見ます。

資質特性把握ツール（例）

	0	1	2	3	4	5
自己管理能力						
結果志向						
対人影響力						
チームワーク適性						
意思決定力						
問題解決力						
自発性						
傾聴力						
影響力						

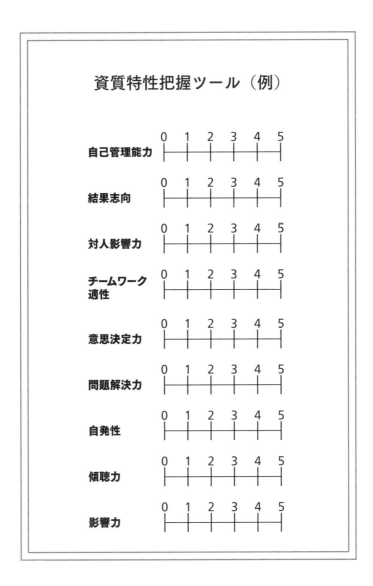

行動特性把握ツール（例）

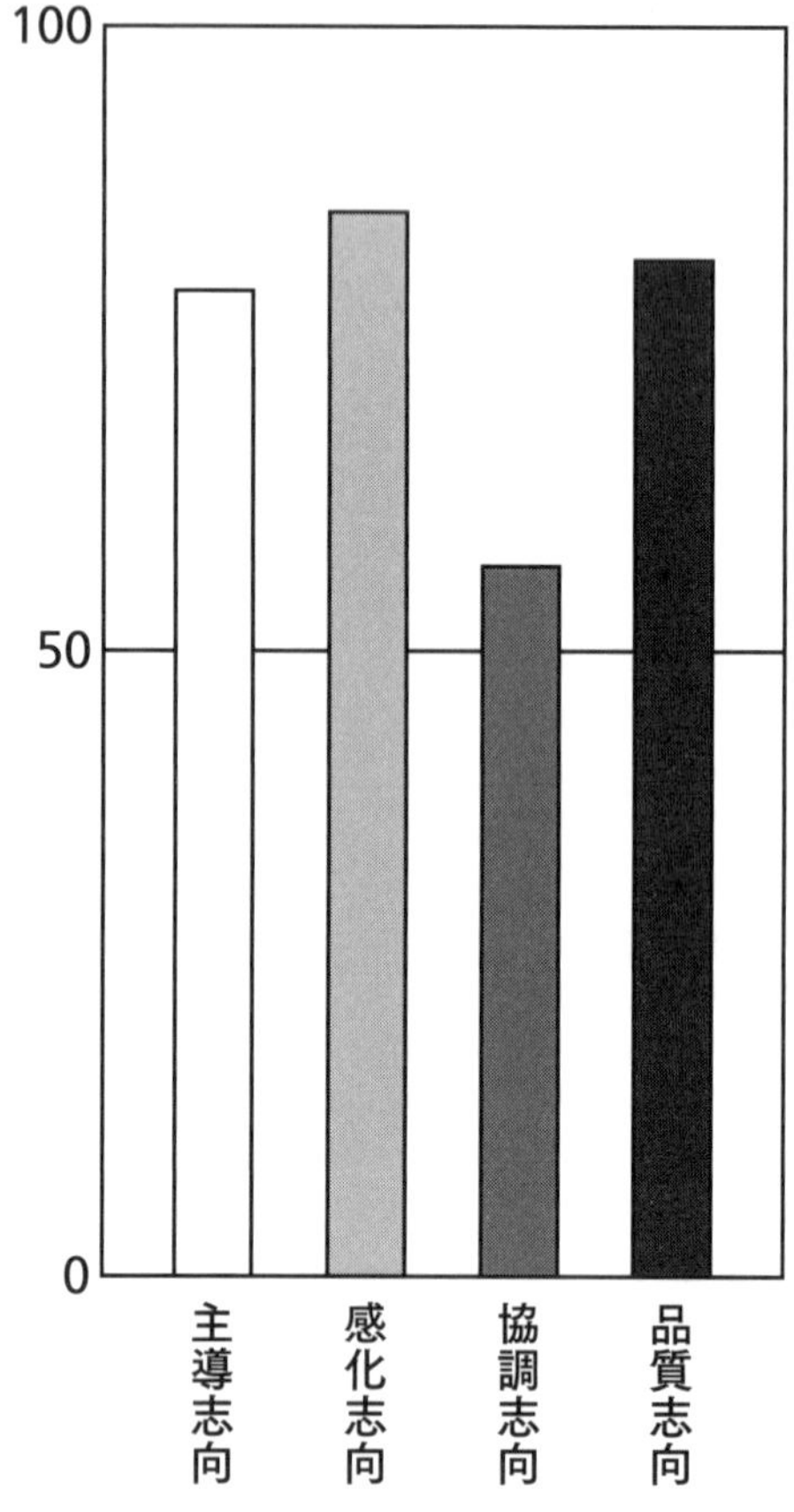

行動特性は、生まれ持っている「本来特性」と、現在の役割に適応させた「現在特性」の両方を見ることが重要です。

人は緊急時や疲労時などには本来特性に戻るため、適性試験だけでは「合格したのに現場では合っていなかった」ということもあります。

これら3つのツールの中でも重要なのは、動機付け要因を見る「価値観特性把握ツール」と、相手の能力を見る「資質特性把握ツール」です。

面接後の応募者の回答を検証する役目もしますし、逆に、最終面接前のチェックとしても効果的です。もちろん採用時だけでなく、入社後の育成開発のツールとしても長期的に活用できます。

自社に合った人材を引き寄せる発信力

社員の生き生きした姿が一番のＰＲ

よい人を選ぶには、多くの応募者から絞り込んだほうが、より成功率は高くなります。そのためには、応募者を引き寄せる魅力のある情報発信が必要です。

近年では、どこの企業でもホームページを持っています。応募者も企業のホームページを最初の情報源として企業選びをしています。したがって、ホームページ上での情報発信に人を引き寄せる力があるか否かは、採用活動の成否を分けるといってもいいでしょう。

ホームページの発信には、それほどのコストは必要ありませんから、大量のテレビＣＭを流す大企業とも、ある意味同じ土俵で戦えます。

問題は発信するメッセージの質です。最も効果的なのは、応募者に近い世代の社員が、生き生きと仕事をしている姿を見せることです。

もし自社のホームページ内に彼らの現状を紹介する「採用サイト」がなければ、ぜひそうしたサイトを設けてください。

若い社員たちの言葉は、採用面接官の言葉よりも現実味を帯びています。若い社員に自分の言葉で、入社してからの一年間で自分がどんな成長をしたか、自らの経験を率直に、熱く語ってもらうことが、学生や年齢の近い応募者の心には強く響きます。

会社の魅力は日常にあり

入社一年目の社員が社長を囲んで座談会をしたり、社員全員が社内パーティーや催し物に参加している記事は、ホームページによく載っています。こうした社内でのコミュニケーション風景も、リクルート用にそのときだけあつらえたのでは、参加者の表情がいかにも固く、簡単に見破られてしまいます。

社長との座談会をアピールに使うなら、社長に自由にものが言える定例会を毎月開いて、その風景を載せるのでなければ効果がありません。

大事なのは、真実と本気の言葉であること、そして元気のある言葉であることです。

会社のホームページや採用面談で伝えることは、実際に会社の中で起こっている日常風景でなくてはなりません。羊頭狗肉では応募者の数は増えませんし、新入社員が入っても早期離職につながるばかりです。

生き生きとしている職場には、エネルギーと「よい気」が漲っています。こういった活気は必ず人に伝わるものですし、多くの人はそこに魅力を感じるものです。

CS（顧客満足）を支えるのが社員の責任感、使命感、自信、誇りであるように、会社の魅力も社員によってつくられ、支えられます。

よい人材を多く集めるためには、活力のある職場と生き生きした社員をつくり、それを外部に積極的に発信することが最善の方法です。

職場を見て入社を決める

給与や福利厚生は非常に大切ですが、人の動機付けを決定するものではありません。したがって、採用の難しさを現状の給与や福利厚生のせいにするのは間違いです。給与より先に改善することはたくさんあります。

私が最初に就職した「ヴィックス」（ヴィックスドロップやコーラック、パンテーンなどを販売していた外資系企業）の面接を受けたときのことをお話ししましょう。

採用面接では、数名の面接官とのやりとりの後、職場内を人事課長から案内されました。外資系企業では、こうした職場見学を「オフィスツアー」といいます。

いくつかの部門を案内されたとき、活気や笑顔に満ちた職場、気軽に話しかけてくれる社員を見ながら、私はここで働きたいと感じていました。

ツアーは成功だったわけです。

現場の空気ほど説得力のある企業アピールはありません。そして、面接の翌日には、速達で内定通知が来ました。

私は即断しました。

採用通知のスピードも、採用を成功させるうえで大切なファクターです。

中小企業のイメージを生かした採用をしよう

「中小企業を選ぶ人」のよいところとは

中小企業は、安定感という観点から、大企業に比べるとイメージではやや劣りがちだと思われています。しかし、「弱みを転じて強みとする」のは人材戦略でも重要です。社員数が少ない中小企業の強みは、「個人の責任範囲が広いこと」「自由裁量が多いこと」「お役所的な稟議書が少なく、迅速に動けること」などたくさんあります。

これは、仕事に対する「意義」を求める若い世代に対しては大きな強みです。「社員の考えや思いで商品やサービスをつくる」「個性を発揮できる」など、じゅうぶん若い世代を引きつける魅力となりえます。

中小企業に応募する人は、ある面では、多くの会社が求めている「チャレンジ精神や自発性を備えた人材」といえると思います。

採用力の原点にいるのも社長

企業の採用力の決め手は、そこで働く人が生き生きとして、明るく元気があり、自由な発想でのびのびと活動し成果を上げていることです。

部下が生き生きとするか否かはマネージャー次第、マネージャーが生き生きするかどうかは、その上司、経営陣、社長が生き生きしているかどうかで決まります。

すなわち社長こそ、採用力の決め手なのです。

では、採用活動の原点にいる社長に必要なものとは何でしょうか。

採用力の決め手となり、現場の真の活性化に必要なのは、社長のリーダーシップです。

社長がリーダーシップを発揮するうえで大事なことは、次の6点です。

1 ビジョンがあること——どういう会社を築きたいかというのがビジョンです。ビジョンや理念がないと、継続的成功は困難です。人材戦略にもビジョンは欠かせません。ビジョンはストーリーで語ってください。

2 戦略を立てること——ビジョンを実現するには戦略が必須です。ビジョンを実現するためにどういう人を採用し、どう育成するのかというのが人材戦略となります。

3 戦略の落とし込みをすること——せっかくの戦略も具体的なビジネスプラン、プロジェクト、業務に落とし込まなければ実行できません。戦略の適切な落とし込みも社長のリーダーシップ如何です。

4　人材像・リーダー像を明確にすること――組織に対する影響が大きいリーダーを選抜、育成するうえでは、社長に明確なリーダー像のあることが必要です。人材像づくりは社長の仕事ですが、リーダー像も社長がつくらねばなりません。そして社長自身が、リーダー像を体現する姿勢を示し続けることも忘れてはいけません。

5　ビジネス&ワークプロセスの肝を押さえていること――社長が実務を担当することは少ないですが、業務の全体像や正しいプロセス、競争力を高めるしくみを知っていることは社長にとっても大切な要件です。

6　レビューとアクションを疎かにしないこと――社長のリーダーシップといえども、定期的な説明は欠かせません。社長自身が陣頭に立たなくても、こうした説明と実行の仕組みが全社的な習慣となるよう施策を実行するのは社長の役目です。

この6つをひとつずつ着実に実行することで、担当者に対するリーダーシップが発揮され、人事施策に活力を吹き込むことができます。

中小企業の採用スケジュールのつくり方

採用計画立案は前年度のスタート前に

それでは、ここまでのまとめとして、採用でやるべきことを順番に挙げておきましょう。

大企業のように大量の新人を採用する、あるいは新卒者を採用するのであれば、募集から採用までを入社時期に合わせたスケジュールが必要となりますが、今日では新卒者の採用も通年にシフトしつつあります。

採用する人数が少ない、中途採用の多い中小企業は、もともと通年採用が多かったのですが、これからは通年で大企業と競り合うことになるかもしれません。したがって、やるべきことを、やるべき人が、やるべきタイミングで、きちんとやることに力を注ぐべきです。それらも含めて、次ページの「採用活動でやるべきことチャート」で、何をやらなければいけないのかを再確認してください。

採用活動でやるべきことチャート

企業の価値観を元に「あるべき人材像」を明確化

▼

採用計画
募集職種の決定と定義

▼

採用したい人材へのアプローチ手段決定

●

ホームページの採用コーナー刷新
・応募したくなる募集要項
・元気な社員のビデオ紹介

●

中小企業の求人は全社活動
・社員一人ひとりがリクルーター

●

▼

インタビューの質問表作成
インタビューのリハーサル

▼

できる社員がプロフェッショナルかつ人間味のあるインタビューを行う

▼

内定者イベント
・内定者の「一緒に頑張りたい」願望を高める

まず第一にやるべきなのは、すべての戦略の出発点である「企業の価値観、理念の確認」です。

くどいようですが、ここを疎かにすればすべてに狂いが生じます。価値観、理念の確認とは、わが社は何のためにあるのか、どういう会社になりたいのか、会社は何をどういう順番で大切にするかということです。

次に、理念を実現するための方針と戦略を立てます。方針と戦略とは、わが社はどういうステージで、何をして成長するのかという方針を定め、その方針に沿って理念実現のための戦略を立てることです。

戦略の中の人材戦略も、ここで打ち立てることになります。人材戦略とは、企業全体の戦略を実行するために必要な人材（わが社の人材像）をどう確保し、どう育成するかという計画の原点です。

人材は突然育つとか、あらかじめ準備できるということはありませんから、中長期の経営計画に基づき、採用のあり方とその実現方法を確立することが基本です。

採用という人事活動をヒトゴトにしてはなりません。中小企業では一人ひとりがリクルーターという意識がないと、物量戦術で勝る大企業に伍した採用活動は不可能です。たった一人の不協和音が音楽全体を破壊するのです。

採用を成功させる企業　10の条件

1. 企業理念に基づいた明確な期待される人材像の基準がある
2. 人材の活用と育成についての明確な方針がある
3. 価値観や行動規範と一貫性のある採用基準にしている
4. 価値観や行動原則は採用前に納得させている
5. すべての上司が真剣に部下を育てている
6. プロフェッショナルに育てる仕事をさせている
7. 業務とコンピテンシー（能力・マインド）強化に直結した育成プログラムがある
8. 育成・評価・昇進でも価値観を基準とし、あるべき行動とマインドを醸成している
9. 自ら学び、互いの成長と成功を支援する企業文化がある
10. 差別をなくし、ダイバーシティを活用し促進している

CHAPTER

3

新人がぐんぐん伸びる人事システム

新人を定着させる正しいオリエンテーション

本当の採用は入社後からはじまる

どの企業でも、採用にはかなりの時間とお金をかけます。ところが、高いコストをかけて採用した新人が入社したとたんに、なぜか手間とお金を惜しむ企業があります。

アメリカの「パーソネルポリシー・サービス」の編集長であり、実用的な人事制度や労働法などの専門家であるロビン・トーマス氏は、「従業員のエンゲージメント（会社や仕事への愛着心と貢献意欲）を高めるには、新しい社員を仕事や環境に同化させるプログラムが大切な要素である」と主張しています。同時に「多くの経営者は、オリエンテーションの基本事項を網羅するのを怠っている」と警鐘を鳴らすことも忘れていません。

正しいオリエンテーションのアプローチは、まず新入社員を心から歓迎し、そして彼ら彼女らが仕事を通じて成長するための基盤を構築することです。

トーマス氏はこうも言っています。「効果的なオリエンテーション・プログラムは、新入社員を居心地よく感じさせるだけでなく、組織の文化、上司、仲間、仕事の期待値などをしっかり認識させるものである」。会社に対してよい第一印象を持ち、文化を理解・納得した社員は、多くの場合、組織に対して高いロイヤリティ（忠誠心）を持ち、組織の成功に貢献しようとするものです。

トーマス氏が提唱しているオリエンテーションの肝は、次の7つです。

1　新入社員に組織の一員として本当に歓迎されていると感じさせること
2　会社の全体像を理解させること
3　会社のゴールと文化を理解させること
4　職務と仕事の情報を正確に伝えること
5　意義のある仕事を与えること
6　会社の制度や規則を正しく伝えること
7　コンプライアンスに必要な文書や手続きを済ますこと

では、オリエンテーションの基本的なスケジュールを見ていきましょう。

ある会社のオリエンテーション事例

長い企業人生の助走期間なのですから、新入社員本人のためにも、また会社のためにも、十分な時間をかけることが基本です。

オリエンテーションは、（1）初日、（2）最初の週、（3）最初の月、（4）初年度というくくりで、1年単位で考えます。

（1）初日

仲間への紹介、オフィスツアー（職場・施設の紹介）、就業規則の紹介、安全と機密管理の方法の紹介、仕事環境の説明と必要な備品の受け渡し。

（2）最初の週

社内ネットワークの紹介、組織の電話帳の受け渡し、オフィスツアーの続き（初日にカバーできなかった職場・施設の紹介）、組織の使命と概要を紹介、関連部門の仲間の紹介、業務の委任、コンピューターネットワーキングのしくみの説明。

（3）最初の月

業務に関連する組織図の説明、組織戦略と主要プロジェクトの説明、文書管理センターの紹介と文書取り扱い方法の説明、組織の専門用語の説明。

（4）初年度

業務内容の理解と、所属するチームの使命と会社のミッションとのつながりの理解、技術研修、社内におけるプロジェクトマネジメントの理解、社内における文書の書き方の習得、プレゼンテーション方法の習得、業績評価と給与の仕組みの理解、その他必要な研修。

最初の1週間から1か月の間で、会社の歴史・目的・理念・戦略と社内組織・自部門・自チーム・自分の仕事・社内外の関係者を理解させ、仕事における期待値を明確にすることが肝心です。

明確な期待値はやる気につながるとともに、自分のやるべきこと、やってはいけないことがはっきりとわかります。

鉄は熱いうちに打てといいますが、P&Gでも考え方、分析のしかた、判断のしかた、コミュニケーションのとり方など基本的なビジネス能力はすべて入社初年度に習得させるようにしていました。

配属先の上司は新入社員の一生を決める存在

新人は最も優秀な上司の下につける

ＳＨＲＭ（世界最大の人材マネジメント協会）の報告では、「社員の士気低下や離職の最大の理由は不適格なマネージャーを登用したことにある」とあります。

サラリーマンの幸福は最初の上司で大きく左右されるといわれますが、新人の定着が悪い原因のひとつが上司にあることは間違いありません。

原因のもうひとつは、先述したとおり、採用担当者が採用時に期待を持たせ過ぎること、または不適者を採用することにあります。

まだ社会的にナイーブな若者は、話をそのまま受け取ってしまいますから、実際に入社して職場の現実を知ると、そこで一気に失望して会社選びを間違えたと悔やみ、離職に向かって行動をはじめます。

企業は、新人が最初に会う人物を厳選しなければいけません。

新人が会社に入る前に最初に会うのは採用担当者です。そして、職場に配属されて最初に会うのは職場のマネージャーということになります。このふたりは、新人にとって人生を決めるほどの影響力を持っています。

新入社員は、部下を育成する能力と業務遂行能力に優れたマネージャーの下につけるのが基本中の基本です。スーパーマネージャーの下についた部下は伸びますし、パッとしない上司の下ではパッとしない部下になるものです。

新人を配属してよいマネージャーの条件

新人を正しく育成し、成長させることのできるマネージャーとは、仕事ができて、会社と理念、価値観を共有している人です。

しかし、こういってしまうと、なんだかわかったようなわからないような話になってしまいます。そこで、すこし長くなりますが、大切な点なので、新人を配属してよいマネージャーの条件について具体的に挙げていきましょう。
○必要に応じ、専門知識やスキルを直接部下に教え、フィードバックとコーチングによって常に育成と強化を行うことができる。

そのためには、業務に必要な能力と部下の能力ギャップを正確に把握できることが必要です。例えば、分析レポートがうまく書けない部下がいたとき、原因が文書作成能力の欠如なのか、状況分析力の低さなのか、提案力の弱さなのかを特定できなければ、育成のポイントが外れ、無駄な教育をすることになりかねません。

○部下と信頼関係を築き、部下のやる気、自信、コミットメント（達成への執着心）を高めることができる。

部下育成に不可欠なものは「信頼関係」。これを築けなければ部下育成はできないと心得るべきです。信頼関係がなければ部下はマネージャーを見習うことはせず、高い目標設定や新たな挑戦に消極的になりかねません。

○部下の能力を高める適切でチャレンジングな目標の設定ができる。

人を最も鍛え、能力を強化してくれるのは仕事です。したがって、マネージャーは部下の中長期的アサインメント（仕事を任せる）計画と、単年度の業務目標と計画を正しく設定できなければなりません。

○定期的に成果や能力強化の進捗をチェックし、個別に強化策を実行させる。

経験の浅い新人への進捗チェックとコーチングは頻繁に行うことが基本です。そして、長期的なキャリアや能力開発について、本人の意向と会社の要求のすり合わせを支援することも重要な役割となります。

一流のマネージャーに必要な知識と能力

では、これらを実行するためにマネージャーに必要な知識と能力を見ていきましょう。大切なのは次の6つです。

○仕事の専門知識と能力があり、成果を出し、自ら進んで新たな挑戦を行い、自己研鑽していること。
○プロとして必要な能力とマインドをもち、行動原則と基準を理解し、実践していること。
○部下の能力をスキル、知識、姿勢の面から公正に評価できること。
○効果的に質問、承認、賞賛するコーチング能力があること。
○部下の学習特性を理解し、専門能力の指導をする力があること。
○行動科学（行動心理学）の知識と高いEQ（感情調整力）をもっていること。

社員には年にひとつは新しい分野にチャレンジさせよ

変化は当たり前

私は新入社員のとき、いきなり新製品のコンセプトづくりの担当と、既存商品2品目のプロジェクトアシスタントを任されました。入社後のこうしたキャリアは外資系ではたまにあることで、仕事を任せて鍛えるのが外資系の新入社員育成の基本です。

入社3年目で工場に転勤し、新製品包材の購買担当、5年目にマーケティングに戻ってきて、1つの商品に関する責任者を任されました。

その後も、1~2年おきに担当商品が変わり、既存商品のマーケティングコンセプトとパッケージを刷新し、最多売り上げ記録も樹立しました。

会社がM&AでP&Gの傘下に入り、医薬品以外に消費財も担当する機会に恵まれました。マーケティング部の上司が人事統括本部に異動し、翌年、彼から誘われたことで、私はキャリアチェンジして人事統括本部、トレーニング・グループへ異動となります。

人事部への異動初年度は、英語および異文化コミュニケーションプログラムを刷新、外部教育会社による研修をほとんどすべて社内研修化し、社員意識調査を導入してワークライフバランスプロジェクトを開始しました。

2年目はマネージャー研修の強化、本国発信のグローバルプロジェクトであるP&Gカレッジのスタートとコーポレート・トレーニングプログラム全体の強化、3年目は阪神大震災でスペシャルプロジェクトに半年没頭、神戸の本社ビルに戻ってからはグローバルP&Gカレッジ強化プロジェクトで、アジア代表として新プログラムを開発しました。

その後、日本に発足した組織開発グループに加わり、新製品開発プロセス、サプライチェーン・プロセスなどの業務プロセス変革、商品コンセプト作成のファシリテーションなど、次々と新しいことに取り組む機会ができました。

入社以来、2年以上同じ業務をしたことはなく、人事異動後の3年間でも多くの達成感を味わうことができました。

1996年から98年には、人事本部長としてP&G台湾へ赴任。その後、北東アジアのリクルーティング・トレーニング&OE（組織卓越）部門のリーダーとなり、さらに分野を広げ、ハイパフォーマンス組織（HPO）推進プロジェクト（自ら成長し続ける高業績組織の仕組みの構築）に携わります。そのかたわら紙事業部の人事・組織開発アドバイザー（今はHRビジネスパートナーといいます）として、経営陣チームのビジョン展開、販売予測精度やビジネスプロセスの改善支援などを行いました。

企業内でのキャリアを簡単に振り返ってみても実にいろいろなことをやってきましたが、日本のビジネスパーソンから見ると、なんだか腰が落ち着いていないように見えるかもしれません。しかし、人は経験によって強い影響を受け、多くを学びます。経験の中でも、やったことのない仕事を行うことほど最高の学習機会はありません。

効果の少ない人材育成をしていないか

多くの経営者が人材育成について勘違いをしています。

効果の少ない、または間違った育成方法とは、次のようなものです。

●カン違い1「わが社では、研修や社外の公開セミナーに参加させ、社員を育成している」

しかし社外研修には、①内容が一般的で実務直結でない、②職場に戻ってからのフォローアップがないため研修結果を生かせない、という問題があります。

昔、ある大手自動車ディーラーで、研修を終えた新入社員が配属されると「お前ら研修で習ったことは全部忘れろ」という上司がいました。現場に研修内容や新しいやり方を受け入れる体制がなければ、研修コストは水の泡です。

●カン違い2「わが社では、OJTが基本的な育成手段である」

こう言われる方の会社をよく見ると、上司の思いつきだけの一貫性のない教育がはびこっています。鍛える能力の明確化と現状とのギャップ分析を正しく行っていなければ、正しいOJTはできません。部下のOJTの前に上司の教育が必要です。

●カン違い3「わが社ではジョブローテーションにより幅広い知識と能力を養っている」

ジョブローテーション制度の基本的な問題は、①長期的視野に立っていないこと、②各々の業務でプロに育てていないことです。

●カン違い4「わが社では、仕事で社員を鍛えている」

これが本当にできていれば大変すばらしいのですが、これを正しく行うには、部下の能力ギャップを把握し、ギャップを埋めるためのトレーニングを施し、課題への挑戦意欲をリードできるマネージャーの存在が必要となります。そのためには、上司自身が「果敢に新たな挑戦をして成果を上げ、能力をさらに磨く」お手本でなければなりません。

ダメ上司をマネージャーにしてはいけない

部下を育てられなければ上司失格

部下を育てるのは上司の役目ではなく責任です。人材育成の責任は、半分が本人、残りの半分がその上司にあります。したがって、上司の評価の半分は業績で決まりますが、残る半分は部下の育成に成功しているか否かによって決まるのです。

どんなによい業績を上げていても、部下をきちんと育てられない上司の評価は、けっして合格点には届きません。それが外資系のマネージャー評価の基本です。

部下の育成責任を厳しく評価するという点では、概して日本企業のほうが甘いのではないでしょうか。私はそうした日本的な評価のゆるさが、新人が3年で辞めていく状況を生む背景にあるように思います。それでは人材戦略も育成計画も成り立ちません。

できるマネージャーの条件は先述したとおりですが、新入社員が3年で辞める背景にあ

新人を育てる上司の基本的な行動

1. 上司自身がプロフェッショナルとしてよき手本となる
2. 部下と対話し、相互理解を図り、良好な関係を築く
3. 部下を信頼し、正しい権限付与とアサインメント（委任）を行う
4. 自ら教育、指導、コーチングを行い、部下を育成する
5. 部下を公正に評価し、適正な処遇を図る
6. 部下のキャリア開発を支援する

る上司の問題について、ここでもう少し詳しく述べてみます。

マネージャーを間違えれば大損害

ラインのマネージャーが、前ページの表にあるとおり、正しく部下を教えることができれば、新人の定着率が上がるとともに、ビジネスに直結した人材育成ができます。

ただしそのためには、部下育成を正しくできる人だけがマネージャーになるという人事的な仕組みが必要です。

部下をほとんど育てていなくても、業績があって、経験もそこそこあるから、という消極的な理由だけでラインのマネージャーやリーダーにしている会社は、中小企業では少なくないと思います。

しかし、それでは採用のコストパフォーマンス、育成のコストパフォーマンスを著しく低下させるばかりか、会社の将来も危うくすることになります。ラインのマネージャーのやるべきことは人材の育成であって、単なる監督や査定ではありません。

厳しい言い方になりますが、新入社員を採っても育てられる人がいないのであれば、新卒者の採用は行うべきではありません。

新卒者を育てることができない会社というのは、いわば育児のできない親です。

個人を最も鍛え、能力を強化するのは、成長させる仕事を任せることです。しかし、信頼できる上司でなければ、部下はコミットメント（何がなんでもやってやろうという強い意欲）を持って未経験の仕事にチャレンジすることはできません。

部下を育てられない上司に部下が信頼を寄せることはありませんから、部下は目標にチャレンジすることもありませんし、上司を見習うこともなく、仕事が嫌になっていきます。これでは上司失格です。上司失格の人を、実績とキャリアがあるからといってラインのマネージャー、リーダーとするのは大きな間違いであり大損失です。

いかにアサインメント（仕事を任せる）計画を綿密に立てても、肝心のマネージャーが部下との信頼関係を築けず、進捗についても過剰に干渉するか、まったくの放任で育成義務を投げ出しているような上司の下で、部下が成長するはずがありません。

それでも自力で成長する人は何人かいるものですが、そういう自力成長型の人は早々に上司と組織を見限って離れていってしまうでしょう。

改めて申し上げますが、新入社員を定着させ、適正に成長させるためには、何よりもラインのマネージャー、リーダーの存在が大きいのです。

新人に求められる能力と育成計画の進めかた

会社に愛着を持たせる人事施策

欧米企業では近年、「エンゲージメント」が注目されています。

エンゲージメントとは、日本語に訳せば「(会社や仕事への)愛着心と貢献意欲」です。

エンゲージメント(愛着心、貢献意欲)のためには、お互いを尊重し認め合う信頼関係が必要です。エンゲージメントを高める施策は社員の定着を促進します。しかし、エンゲージメントのために何か特別な施策が必要なわけではありません。

人は周囲から仲間と認められたとき、幸福感と安心を得ることができます。

上司や職場に信頼と尊敬を感じ、仕事に達成感や成長を感じたとき、安心は自信となります。次に、職場のメンバーや会社全体に自分が貢献できていると実感できたとき、やりがいと生きがい、そして会社に対する愛着心と貢献の意欲が生まれます。

定着と育成とは、別々のものではありません。

新人の定着には、新人の能力を伸ばし、その結果を認め、会社への貢献度を高めること、すなわち適切な能力開発と各人の個性に応じた育成が有効な施策となります。

能力開発と育成は、なんといっても「チャレンジングな仕事」を通して行うのが一番ですが、育成を担当するマネージャーに十分なスキルがない場合は、やみくもにチャレンジさせるとかえって逆効果になりかねません。

肝心なのは人事の仕組み

効果的な育成を図るには、いくつかのツールが必要となります。

まず部門のトップ（部門長）になるまでのキャリアパスを設定しておくこと。キャリアパスとは、部門長になるまでに経験すべき業務やプロジェクトを表にしたものです。

また、職務ごとに必要な基本的能力と専門能力（知識、スキル、姿勢など）を一覧にした職務能力表も、今後の育成の目安として不可欠といえます。

能力強化のためのプロジェクト、研修などもこの職務能力表に基づいて行います。

そして、最も肝心なのが業務および育成計画書です。年度の業務目標と計画、ならびに育成目標と計画が明記されている文書で、「ワーク＆デベロップメントプラン」とも呼ばれます。

育成計画では年度のつながりを重視しますので、計画表には長期的な視野が反映されていることが大事です。育成計画には、部下が達成すべき具体的な能力とその開発プラン、上司の具体的な支援策が明記されていなければなりません。

こうしたツールは、すべて上司と部下で共有されていることが大前提です。そうすることで、部下は自分の成長目標が明確になり、どういうルートで能力を伸ばすかを自ら描くことができます。

しかし、こうしたツールも上司に使い切るだけのスキルと態度がなければ、宝の持ち腐れとなってしまいます。だから、部下を育てられる者のみがマネージャーとなる仕組みとともに、本格的で実践的なリーダー研修が必要なのです。そして、研修はトップからはじめることで効果が倍増します。

ワーク＆デベロップメントプランの例（業務と成長計画）

●業務計画（期待する成果）

1. 新商品の立ち上げの成功（達成率100％）
2. 規存商品Aの拡売（前年比120％）
3. 顧客満足度とリピート率の向上（前年比115％）
4. 部下のパフォーマンス強化（+20％）

●成長計画

1. 変革力強化
   - 期待値は……
   - リソースは……
2. チームリーダーシップ強化
   - 期待値は……
   - リソースは……

●上司のサポート

1. ……
2. ……

●今後のキャリアの関心事

・新たな知見を得るためにZ地区を担当したい

・経営力を高めるためにマーケティング部門を経験したい

人を育てる原則と人事の3つの大罪

人は仕事で磨かれる

人材育成の世界では、「7－2－1の原則」というものがあります。

7－2－1とは、人の成長の7割は仕事によるもので、2割は上司の影響、1割が研修や自己啓発などの教育・学習という意味です。

言い換えれば、人を成長させようと思えば、まず「人を鍛える仕事をさせよ」ということになります。

これは新人であろうとベテランであろうと共通する原則です。

人を仕事で鍛えるとは、やみくもに仕事を押し付けることではありません。したがって、当然踏むべきステップがあります。

まず、部下がチャレンジングな目標に積極的に取り組むよう、上司は目標の設定に部下を参画させ、部下が上位方針（会社の求める目標と戦略）を理解し、合意したうえで自分の業務計画を作成させることが必要です。

上司と部下のコミュニケーションが大事なのはもちろんですが、部下に目標へチャレンジすることのメリットを理解させ、納得させることが上司に求められるスキルです。

部下自身の成長と組織の成長は一致すると認識することで、部下は目標に対してコミットメント（何がなんでも達成させるという強い決意）を抱くものです。

すでにおわかりのように、新人が組織に定着して育つか否かは、現場のマネージャーにかかっているのです。

育成の7－2－1の原則のうち2割の要因である上司の存在こそ、実は7割の効果を決めるのだと言っても過言ではありません。

真剣に部下を育てる上司を育てよう

人材開発の世界では、人事的な3大罪悪というものがあります。

つまり3つの大罪ですが、それは（1）価値観と行動基準に合わない人をマネージャーにすること、（2）価値観と行動基準に合わない人を採用すること、（3）できないマネージャーをそのままにしておくことです。

この中でも、やはり（1）と（3）の罪は重いといわざるを得ません。言葉のうえでは、日本企業でも上司の役割は「ビジネス強化と部下育成」とされているのですが、実行できている上司は大企業でもそう多くはありません。

長期的に成長し続けている欧米の優良企業は「育成の文化」がある程度できています。育成の文化のある企業における上司の行動は以下のとおりです。

・部下と対話し、相互理解を図り、関係を築く
・信頼し、正しく権限を付与し任せる
・自ら教育、指導、コーチング、フィードバックを行う
・公正な評価をし、適正な処遇を図る
・キャリア開発を支援する

こうしたスキルをマネージャーに求めるとすれば、スキルのある人をマネージャーに就けるか、トレーニング等によってスキルを身につけさせることになります。

トレーニングプログラムは次ページの図にあるとおりです。

部下育成研修プログラム（例）

	主な研修内容
初日	1. マネージャーの使命と役割
	2. マネージャー必須の能力と心構え
	3. 成長の要因
	4. 学習促進の基本原則と育成プロセス
	5. メンバーとの信頼関係を築く
2日目	1. マネージャーとしての現状分析（アセスメント結果の確認）
	2. 効果的な部下指導（演習）
	3. 正しいフィードバックの方法（演習）
	4. 成果を高めるコーチング
	5. 育成計画の作り方とポイント

人が育つ仕組みを持っている会社は強い

人材の早期育成は「3つの鍛える」で

早期の人材育成のためには、優れた上司とチャレンジングな仕事が効果的なのは、今まで見てきたとおりです。いわば「鍛える仕事」と「鍛える上司」が必要条件なわけですが、それだけでは十分とはいえません。もうひとつ、全社的な仕組み、すなわち「鍛える（人事の）仕組み」が求められます。

「鍛える仕事」「鍛える上司」「鍛える仕組み」が三位一体となって、「人が育つ企業文化（人事）」が出来上がるのです。

では、「鍛える仕組み」とはどういうものでしょうか。チャレンジさせる仕組み、社員が伸びる仕組み、部下を育成するマネージャーを作る仕組みなどが「鍛える（＝成長させる）仕組み」となります。

仕組みというとすぐに制度に注目しますが、制度イコール仕組みではなく、プロセスやシステムなどとセットになって仕組みとなります。

つまり、ここでいう人事の仕組みとは、正統派欧米企業で実践されている「採用、評価、昇進に関する制度」「人材開発制度」「報酬制度」「等級制度」、そしてそれらに関わる重要な考え方と取り組み方、導入のプロセスのことをいいます。

採用、評価、昇進に関する制度の肝とは、あるべき価値観と人材像、明確な行動基準と能力基準があって、それが採用から評価、昇進にきちんと一貫性をもって反映されていることです。

こうしたシステムの背景があって仕組みは機能します。

人事異動や新人の配属も、人を育てる重要な施策のひとつです。

部下育成と組織強化ができる人がマネージャーになれる、それができなければマネージャー職から外すという制度がある欧米企業は多くあります。

新人にも必要なリーダーシップ能力

外資系企業の人材開発制度は、多くが、①基本の徹底、②グローバル・プロフェッショナルとしての専門能力を鍛える、③レベルに応じたマネジメントとリーダーシップ力をつけさせる、の3つに重点を置いています。

マネジメントとリーダーシップは一見、新入社員や一般社員には必要ないもののように見えます。しかし、仕事を入り口から出口まで任せるためには、新人といえども協力してくれる職場の人々に対するマネジメントは必要であり、リーダーシップは階層とは無関係に必要なスキルです。

したがって外資系企業では、新人のマネジメント能力の開発とリーダーシップ開発は欠かすことのできないプログラムとして位置づけられています。

人を育てる仕組みは、バラバラでは効果を発揮しません。

採用、評価、昇進制度、人材開発制度、報酬制度、等級制度など、諸制度や仕組みが相互に関係し合い補い合って、はじめて「儲かる人事」となります。諸制度や仕組みがひとつのシステムとなって動くには、そこに一本の筋が通っていなければなりません。

それがいわゆる企業文化です。新人にマネジメント能力やリーダーシップの発揮を求めるのも、企業文化があるからできることといえます。

アメリカの経済雑誌「フォーチュン」が選ぶ優良企業500社、いわゆる「フォーチュン500」に共通する企業文化を大きくまとめると、次の6つとなります。

優良企業の企業文化

1. 企業理念と価値観が社内に浸透している
2. 社員がオーナーシップをもって仕事に取り組んでいる
3. リーダーは後進を育てている
4. 常に新たなチャレンジを試み、変革を進めている
5. 互いを尊重し、協働して成果を高めている
6. リーダーを筆頭に全員が学び続けている

外資系企業に学ぶ 執念で人を育てるGEの文化

すべての原点は価値観

以前、GEの人事マネージャーにうかがったことです。

同社の新人育成もリーダーシップが軸となっています。そして、その根底にあるのが「GEバリュー」（GEの価値観のベース）です。同社の価値観は8つのポイントにまとめられています。

①好奇心（CURIOUS）、②情熱（PASSIONATE）、③工夫に富む（RESOURCEFUL）、④責任を持つ（ACCOUNTABLE）、⑤チームワーク（TEAMWORK）、⑥コミットメント（COMMITTED）、⑦開かれた姿勢（OPEN）、そして⑧鼓舞する（ENERGIZING）です。

GEでは、パフォーマンス（仕事の能力・成果）よりもバリュー（価値観）のほうを重視します。それがGEの企業文化といえるでしょう。

したがって、価値観（バリュー）は合っているが業績は振るわないという社員に対しては、ラインのマネージャーのコーチングや研修を通じて、スキルとマインド両面の弱点克服を促し、再チャレンジの機会を与えます。

一方、高い業績を上げていても、価値観（バリュー）が不適合の社員は、価値観教育を徹底します。それでも価値観が合わなければ、去ってもらうことになります。

すべてのスタートラインにあるのがGEバリューなのです。同社にあっては、この点に妥協はありません。

新入社員に対するリーダーシップ養成プログラム

GEにはもちろんマネージャー層に対するリーダーシップ研修があり、それがGEの養成プログラムの中核になっているのですが、そのほかに新入社員向けのグローバルなリーダーシップ養成プログラムがあります。

GEのトップリーダーといわれる人々は、大部分がキャリアスタートの段階でこのプログラムを経験しています。

この「リーダーシップ養成プログラム（Experienced Commercial Leadership Program）」と呼ばれるプログラムは、将来のリーダーを養成する2年間の実務体験型の養成プランです。プログラムの目指すところは、GEバリューの深耕、インテグリティ（真摯さ）の養成、リーダーシップと専門能力を身につけることにあります。

このプログラムでは、6か月単位で4つの異なる実務経験（ローテーションアサインメント）が2年間続きます。養成期間中には、講義形式でのトレーニングもあり、複数の国にまたがって行われることもあるようです。

グローバルなコミュニケーション力を養成する場となるとともに、GEのトップリーダーたちと直接に接するチャンスも多く、それがGEバリューを体験的に学ぶことにつながっています。

ただし、希望すれば誰でも受けられるというわけではなく、プログラム受講生は、①ビジネスの現場で課題を的確かつ迅速に把握し、改善に向けたアクション・プランを策定できる分析能力、②自らが策定したプランを、イニシアチブをとって関係者とともに実現化するリーダーシップ、③優れたコミュニケーション能力とプレゼンテーション力（語学力）のある人とされています。

GEも変化し続ける企業ですので、価値観も制度も当然変化しているでしょうが、人材育成の基本原則は変わっていないと思います。

リーダーシップ養成プログラム（例）

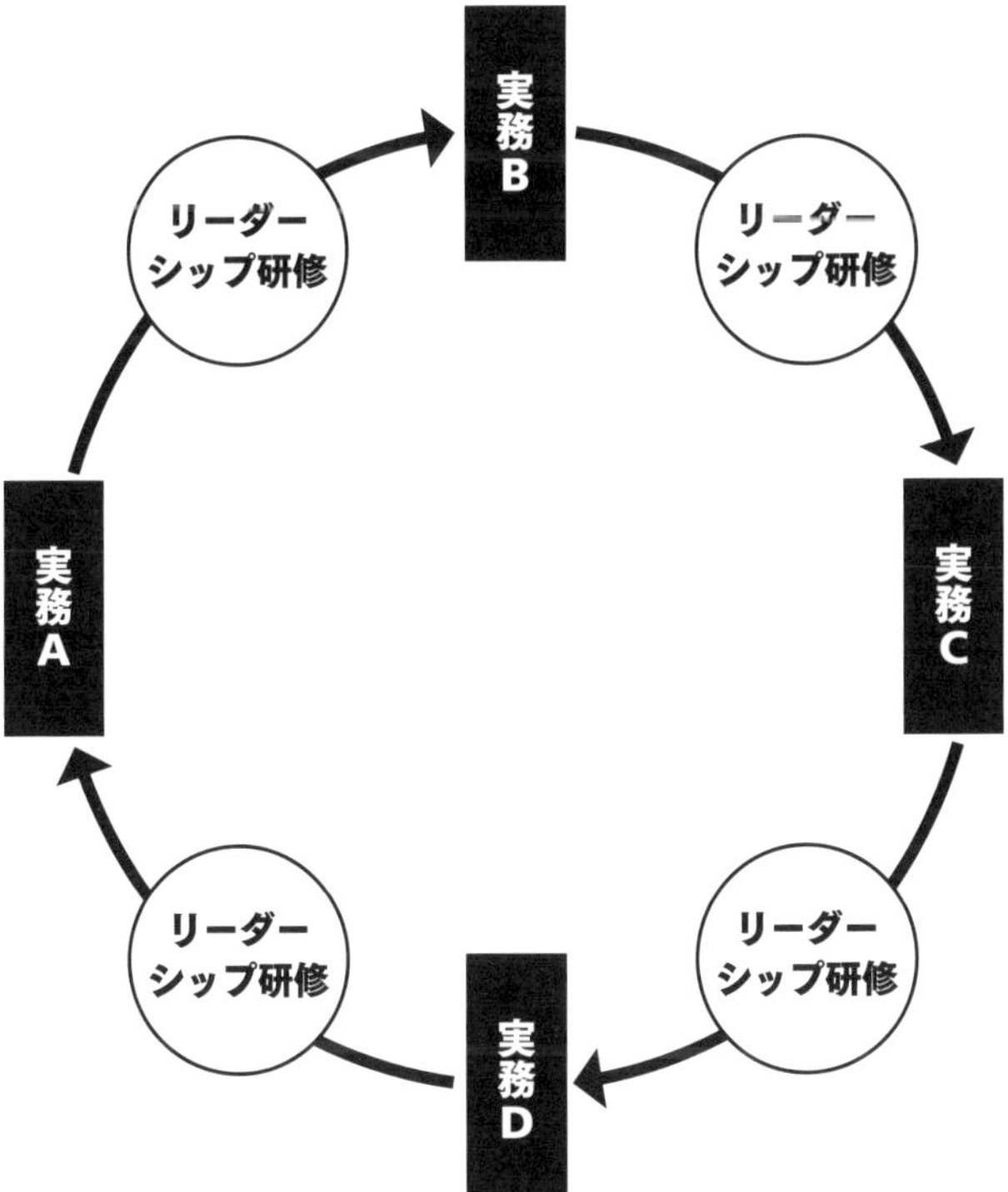

新人であっても積極的にポジションを与えよ！

できる人には積極的にやらせる

入社2年から3年のビジネスパーソンでも、力があればポジションに就けることはあってよいはずです。理論上は、たとえ新入社員であっても、仕事ができるなら然るべきポジションに就け、思いっきり腕を振るわせるべきだといえるでしょう。

年齢が若くても、仕事ができるならば大いにチャンスを与えて伸ばすべきです。

フィリップ モリス ジャパンの人事は、「どのポジションが空いていて、そこに誰を埋めていくかではなく、まずは人ありき」といわれています。つまり、「できる人がいるならやらせる」ということです。

能力のポテンシャルの高い人材は、その力をどう伸ばし成長させていくか。さらに、そうした将来性のある人に力を発揮してもらうには、どういうポジションをつくればより有効か。人の成長に応じて、最も有効な方法をとことん追求しているといえます。

外資系企業は成績が悪いとすぐにクビになるという先入観が日本人にはありますが、正統派の外資系企業では、伸びる人を大いに伸ばす仕組みとともに、成績の上がらない人に対するフォローの施策も用意しています。

日本人の多くは、頭ではわかっていても社会自体が依然として年功序列的な仕組みで動いているため、同社でも業務の遂行や人事的な決定を下すときには何度も重ねて説明し、部下の話を聞くことを最重要視しているそうです。

文化的なギャップを乗り越えるには、これが最も大切な行動です。

なぜそれが必要で、その結果、本人、組織、そして組織で働く他の人々にとってどんなメリットがあるのかをていねいに説明し、相手の声にも真摯に耳を傾けることで、必ず人は理解し動き出します。

上司は「話す」より「聴く」に力を入れるべき

部下への聴き取りは、採用基準を改める、昇格基準を改めるなど、人事制度を改革するときには必須となる手順といえます。

グローバル企業は、こうした手順で説明責任を全世界的に果たしているのですから、同じ日本人同士のひとつの企業でできないことはないはずです。

年度の目標を決めるときにも、守るべき手順はこの「聴く」というステップです。先述したフィリップ・モリス・ジャパンでも、目標は社員と会社の合意のうえで設定されます。しかし、会社の求めるものと個人の目指したいものは往々にしてすれ違うもの。したがって、両者の溝を埋めて最終的な合意形成に導くのが上司の大事な役割となります。

マネージャーにとって、説明し、質問し、傾聴し、対話するコミュニケーション能力は、欠くことのできないスキルのひとつなのです。

目標を設定した後の定期的な中間レビューでも、やはり上司と部下のワン・オン・ワンミーティングは続きます。

目標の進捗状況を確認し、場合によっては目標の上方修正、あるいは下方修正が生じることがあります。

いずれの場合でも、上司は部下になぜそうなるのかをしっかり説明し、そのうえで質問し、部下の話をしっかり聴き取り、対話を重ねて相手の納得を得なければなりません。

コミュニケーションの積み重ねが、部下を成長させる大きな力となるのです。

成長のプロセス

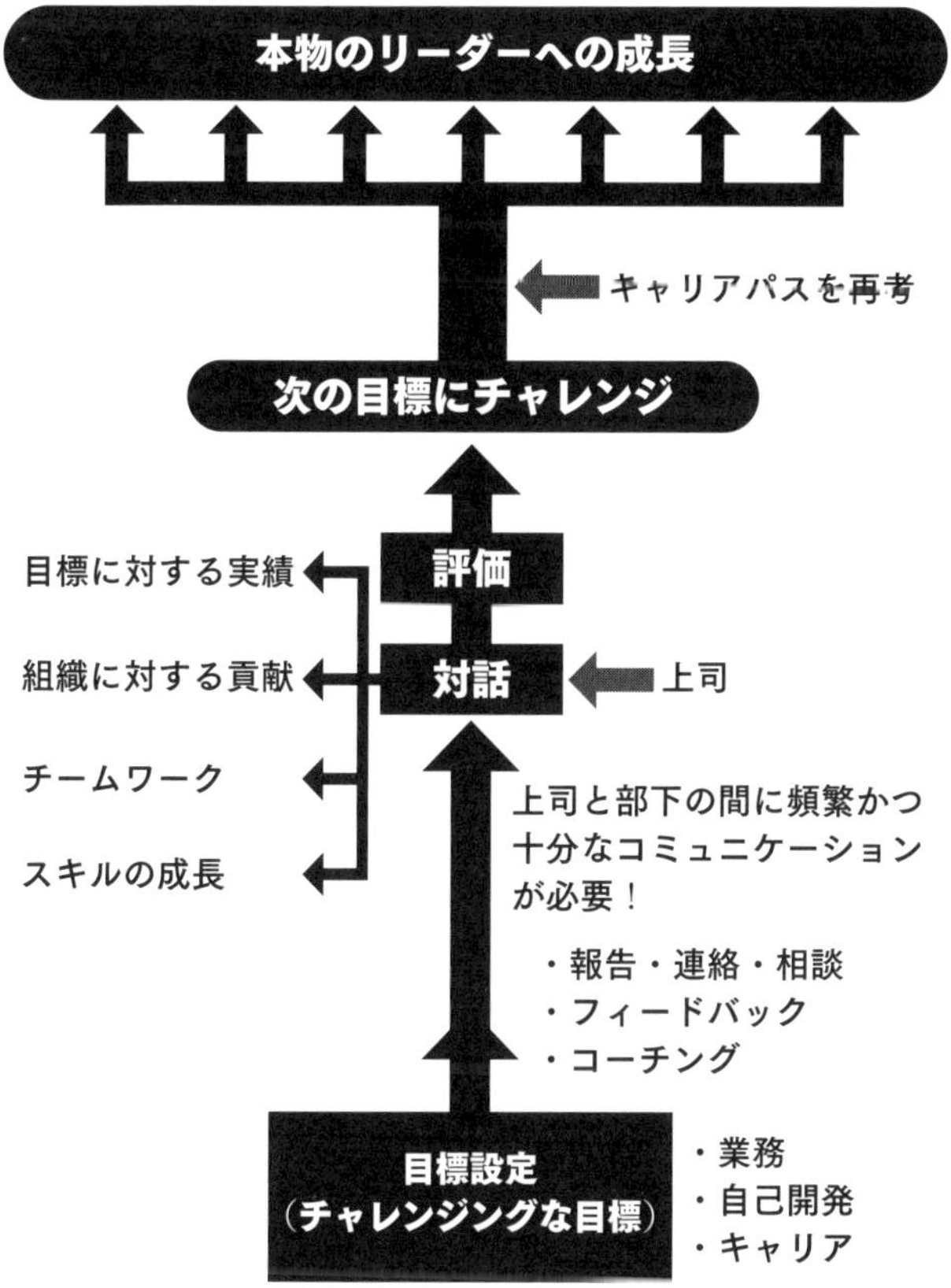
本物のリーダーへの成長
キャリアパスを再考
次の目標にチャレンジ
目標に対する実績
組織に対する貢献
チームワーク
スキルの成長
評価
対話
上司
上司と部下の間に頻繁かつ十分なコミュニケーションが必要！
・報告・連絡・相談
・フィードバック
・コーチング
目標設定
（チャレンジングな目標）
・業務
・自己開発
・キャリア

任せすぎは任せなさすぎに勝る

新人はアシスタントではない

新人に仕事を任せるとき、中小企業の多くでは、最初のうちは補助的なことばかりさせます。「見習い」ということでしょう。

仕事を任せるといっても、全体の作業のうちの一部分だけを指示に従ってやらせるだけですから、これでは「アシスタント」です。

「任せる」とは、日本語でも、相手の意思決定に依存することを意味します。

したがって、仕事を任せるというのは、はじめから終わりまで一貫して相手に仕事を預けることとなります。上司は、部下に仕事の目的と達成すべき要件を伝えた後は、できるだけ黙って見ているのが基本です。

しかし現実には、任せたといいながらしょっちゅう報告を求める上司、途中で介入してくる上司、いつの間にか部下に任せたはずの仕事を取ってしまう上司が多いのも事実です。

上司に悪意があってやっているわけではありません。部下に任せた仕事の失敗が怖いのです。心情としては、結果が出ないことを心配する気持ちが半分、失敗の責任が自分にも降りかかることへの恐れが半分というところかもしれません。

ここまで述べてきたとおり、人は責任のある仕事を任されることで成長します。その人の能力に応じた、そして能力以上の仕事を任せることが重要です。

部下を「見習い」や「アシスタント」扱いして、一向に仕事を任せないのは部下の成長機会を奪っているのと同じです。それでは上司失格といわざるを得ません。

部下に仕事を任せるうえで肝心なことは、部下を育てることの重要性を認識すること、そして強い意志を持つことです。上司にとって、部下を育てることはミッション（使命）に他なりません。

上司は心強い伴走者であれ

こうした部下育成に関する価値観は、組織全体の価値観として共有されることが前提条件ですが、これが組織の文化として成立するまでには、機会をとらえて何度もトップリーダーが指導を重ねる必要があります。

トップリーダー、すなわち社長の行動については改めて最後の章で述べますが、やはり組織はトップで決まるというのが大原則。人事も同じです。

話を新人の定着・育成に戻すと、経験のない新人にとっても、判断と責任を伴う仕事を任されるのは不安です。しかし同時に組織からの期待と信頼を感じ、やりがいも覚えるはずです。

仕事を任されないこと、成長実感がないことに失望して辞める新人はいても、仕事を任されるのがつらくて辞める新人はいません。人はだれでも期待と信頼には応えようとチャレンジするものです。

問題は、失敗を恐れてチャレンジさせない上司や周りがいることです。

結論からいえば、失敗してもそこから何かを学んだ人には再チャレンジのチャンスを与える仕組みと、失敗を恐れてチャレンジさせない上司とのコミュニケーションが、新人のチャレンジのセーフティネットとなります。

新人にとって上司は、口は挟まないが、危ないときには進路を正してくれる心強い存在でなければなりません。

任せること（アサインメント）の流れ

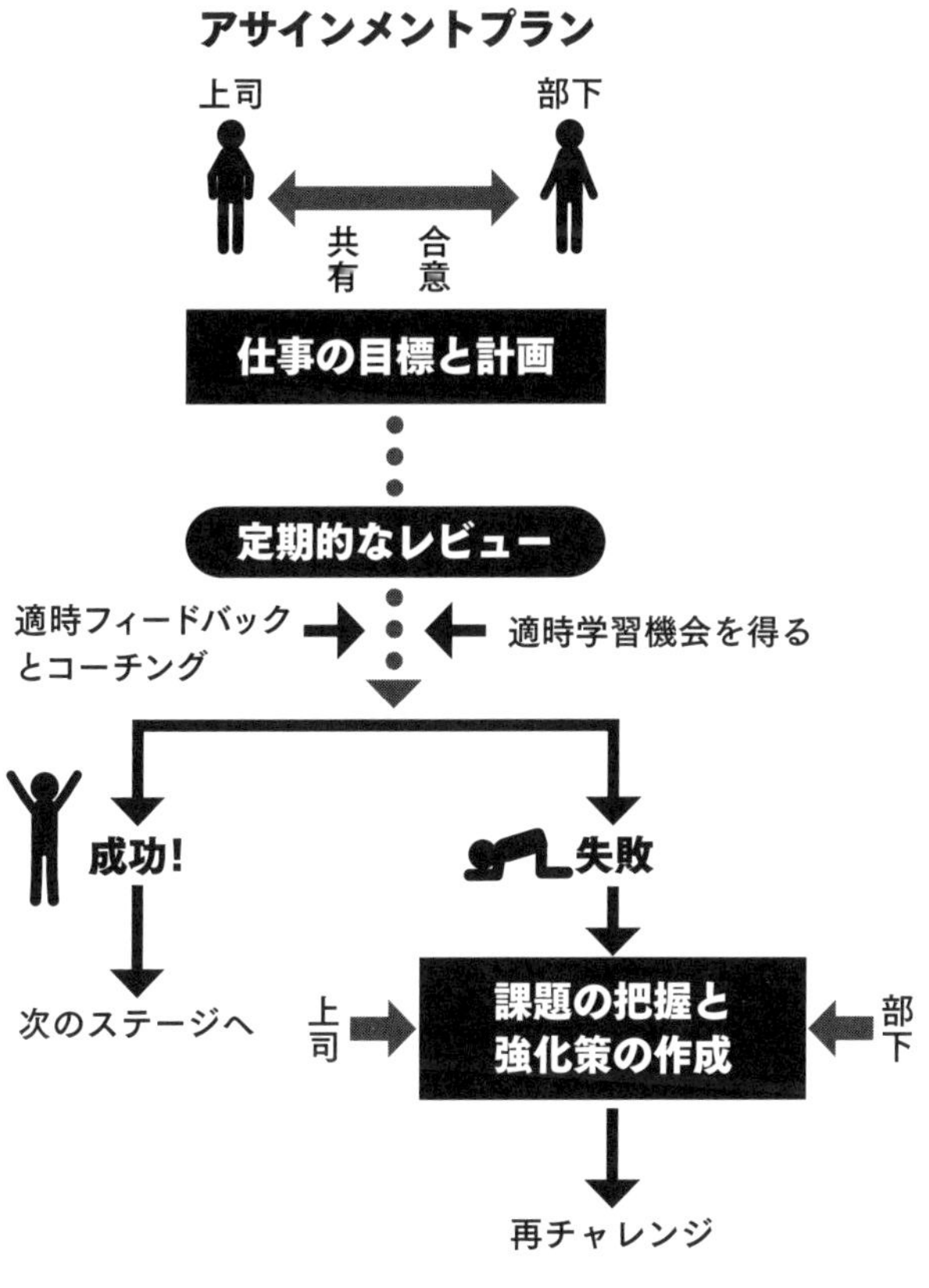

新人の定着と早期育成のためのチェックポイント

□	行動基準	企業（組織）の価値観を具体的な行動に落とし込み、あるべき行動基準が明確にされ実践されているか
□	能力基準	戦略と計画を実行するために必要な能力、知識、姿勢などの明確な基準があるか（これは上記の行動基準と共に、個人の開発育成の青写真となる）
□	業務&能力開発計画	部門戦略を実行するための能力を中長期的な視野で開発するための業務やプロジェクトのアサインメント計画ならびに能力開発計画が機能しているか
□	上司	部下の育成と能力開発を確実に支援できる上司がいるか。また、マネージャー教育で育成力を高めているか
□	評価制度	正しく業績と能力を評価するしくみがあるか（育成視点の評価ができない組織は社員のエンゲージメントが育たない）
□	研修プログラム	ビジネスや業務計画を実行するために必要な知識、専門能力や基本能力などを身につけさせるプログラムは効果的に機能しているか

CHAPTER

4

社員が自発的に動き始める人事システム

利益は行動からしか生まれない

人事の達人経営者

名経営者で、人事の達人でもある人は少なくありません。

有名なところでは京セラの創業者、稲盛和夫氏、アメリカではＧＥの元ＣＥＯ、ジャック・ウェルチ氏が挙げられると思います。

ウェルチ氏は事業再編でも有名ですが、クロトンビルの「リーダーシップ開発研究所」でも有名です。

リーダー育成が企業の持続的な繁栄を支えると、巨額の費用を投下してこの研修施設をつくりました。

いまでは、ＧＥの取引先は、クロトンビルの研修へ自社の幹部を参加させるためにＧＥと取引するとさえいわれます。

稲盛和夫氏は、京セラ創業期の労働争議を経て、社員と会社の価値観の共有に心血を注いできました。

ＪＡＬの再建でも、決め手となったのは旧弊を排し、自らが本気となり、社員を巻き込んで企業文化を刷新し、それを全社員で共有することでした。

稲盛和夫氏とジャック・ウェルチ氏に共通するのは、どちらも「価値観の共有を重んじる人」「結果を出した人」ということです。いかなる人事の達人でも、結果を出していなければ評価されることはありませんし、尊敬されることもありません。

結果を出すためには、行動することが必要です。

人事の施策は行動を促すためのもの

企業の利益の源泉はすべて社外にありますから、外に向かって行動しない限り、収入を得ることはできません。

リーダーが部下を動かして業績を上げるにも、行動が必要です。

欧米企業でよく使われる言葉に「インテグリティ」（Integrity）があることは先述しました。欧米ではインテグリティのある人は尊敬の対象となります。

では、インテグリティのある人というのは、どういう人でしょうか。

これも英語の表現ですが、“Walk the Talk”という言葉があります。意味としては「言ったとおりに実行する」。日本語で言えば「有言実行」です。

有言実行、すなわち“Walk the Talk”の人が“Integrity”のある人なのです。

言うだけではなく、言ったとおりの行動を伴う人が、部下から見ても信頼するに足るリーダーと映ります。

これも繰り返しになりますが、いかなる行動も、その原点には価値観があります。価値観が揺らいでは、行動に力がこもることはありません。

何のために行動するのか、という価値観・理念を共有するための施策は、一人ひとりの力をひとつの方向に動かします。いわゆる〝ベクトルの一致〟です。

その結果、組織としての出力は、2倍、3倍となって業績に反映されます。

つまり、「儲かる人事」とは、人を行動させる人事施策でなければならないのです。

結果ばかりを評価すると かえって利益を取りこぼす

プロセスチェックで問題の核心を見つける

組織で働く人にとって人事評価は重要です。

評価のために働くわけではないものの、自分の手掛けた仕事の評価が高ければやった甲斐がありますし、評価が悪ければ次回どこを改善すればよいかの参考になります。

最悪なのは、何のフィードバックもなく評価もないという状態です。何のフィードバックも評価もしないマネージャーは、マネージャー失格といわざるを得ません。

もうひとつ問題なのは、結果だけを見て評価することです。

第1章でも述べたとおり、結果のみならずプロセス（具体的に何をどのように行ったのか）もしっかり見たうえで評価するのが優秀なマネージャーの条件です。

結果だけを見て評価するのは、一見公平ですし、何より評価する人にとって簡単です。

できたか、できなかったかだけを見ればよいのですから。

しかし、結果ばかりを評価の対象にしていると、肝心の利益を失うことがあります。

ある地方の自動車ディーラーの話です。その会社では、営業パーソンの成績をずっと新車の販売台数で査定し評価していました。自動車といってもトラックを扱っていましたので、顧客は地元の運送会社など法人ばかりです。ほとんどは何十年とお付き合いのある会社ばかりでした。したがって、営業パーソンも同じ会社を何年間も担当しています。

業種は別として、こうした取引形態は地方の企業間ではよくあることです。

安定した取引関係なのですが、安定しているがゆえに、新車の販売台数という結果だけの評価によってバランスの悪い事態が起きました。

安易な取引慣行が利益を逃す

あるとき、新車販売台数トップの営業パーソンと中位の営業パーソンの利益率を比較したところ、トップの営業パーソンの利益率は中位の人に比べ2割も低かったのです。

新車販売台数トップの営業パーソンは、売上ではたしかに1位だったのですが、利益額だけで改めてランキングしてみると5位に落ちてしまい、なんと3位だった人が1位に躍り出ました。これにはディーラーの社長も驚きました。

このディーラーでは、結果を出さなければいけない時期になると、営業パーソンたちはいっせいに、とりあえずなじみの顧客のところへ行って購入を頼み込みます。そうすると、こちらに弱みがありますから、どうしても大幅な値引きを強いられることになります。

また、結果ばかりに目を奪われていると、目先の数字が取れるところばかりを大切にし、取引の成否は不確かなものの、着実な利益が見込める有望な顧客の開拓を疎かにしがちです。こうした行動は、いわば未来の利益を逃す行動といえます。

営業パーソンも人間ですから、人間関係のできていない新規顧客のところに何度も足を運ぶのは苦痛です。長年付き合いのある気心の知れた取引先を、気楽に訪ねて注文が取れるなら、そういうところにばかり行きたくなります。

人は目標によって行動が変わります。売上だけを目標にすれば、赤字商品でも売ってきます。まずは正しい目標設定をすること。そして、結果だけでなくプロセスにも十分に目配りした人事評価をすること、またチーム全体で担当者をサポートする行動も評価の対象とすることで、社員の動きの質は確実に上がります。

仕事はチームでやるもの チームを強くする6つの要素

ひとりの力より大勢の力のほうが強い

仕事はチームでやるもの。これは世界共通の原則です。

チームでやることが前提であれば、個人の業績とは、チームに貢献するものでなければなりません。個人成績だけで人事評価することは、この原則に反します。

チームには、攻めて点を取る人もいれば、守りで貢献する人もいます。

点を取るにも、何人かのアシストの結果ということもあれば、偶然のラッキーポイントということも起こり得ます。貢献度に差があるのは当然のことですが、チームの原則を忘れた評価や査定は、かえってチームの力を落としてしまいかねません。

チームとは、人が複数いてチームとなります。チームの力とは、チームメンバーの力の総合計です。

総合計であれば、メンバーそれぞれが最大の力を発揮することがチーム力の前提となります。ところが、人は気持ちと環境によって出力が大きく変わる動物です。

チーム全員に何がなんでも目標を達成しようというコミットメントがあれば、チームの出力はマキシマムとなりますが、気持ちがバラバラで士気が上がらないときには、まったく力が出ません。これでは成果を期待するほうが無理というものです。

チームの力を最大に発揮させる要素

チームの力を発揮させるためには、リーダーは次の6つの要素をチーム内に築かなければなりません。

1 明確な方針

チームのベクトルを合わせ、一丸となるためには、全員が共有すべき方針が不可欠です。何のためのチームなのか、何を目指しているのか、どのように目標を達成するのか、チームの価値観は何か、などをリーダーが明確にすることです。

2 リーダーシップ

方針は、そのままでは絵に描いた餅です。リーダーがしっかりとメンバーに伝え、率先

チームを強くする６つの力

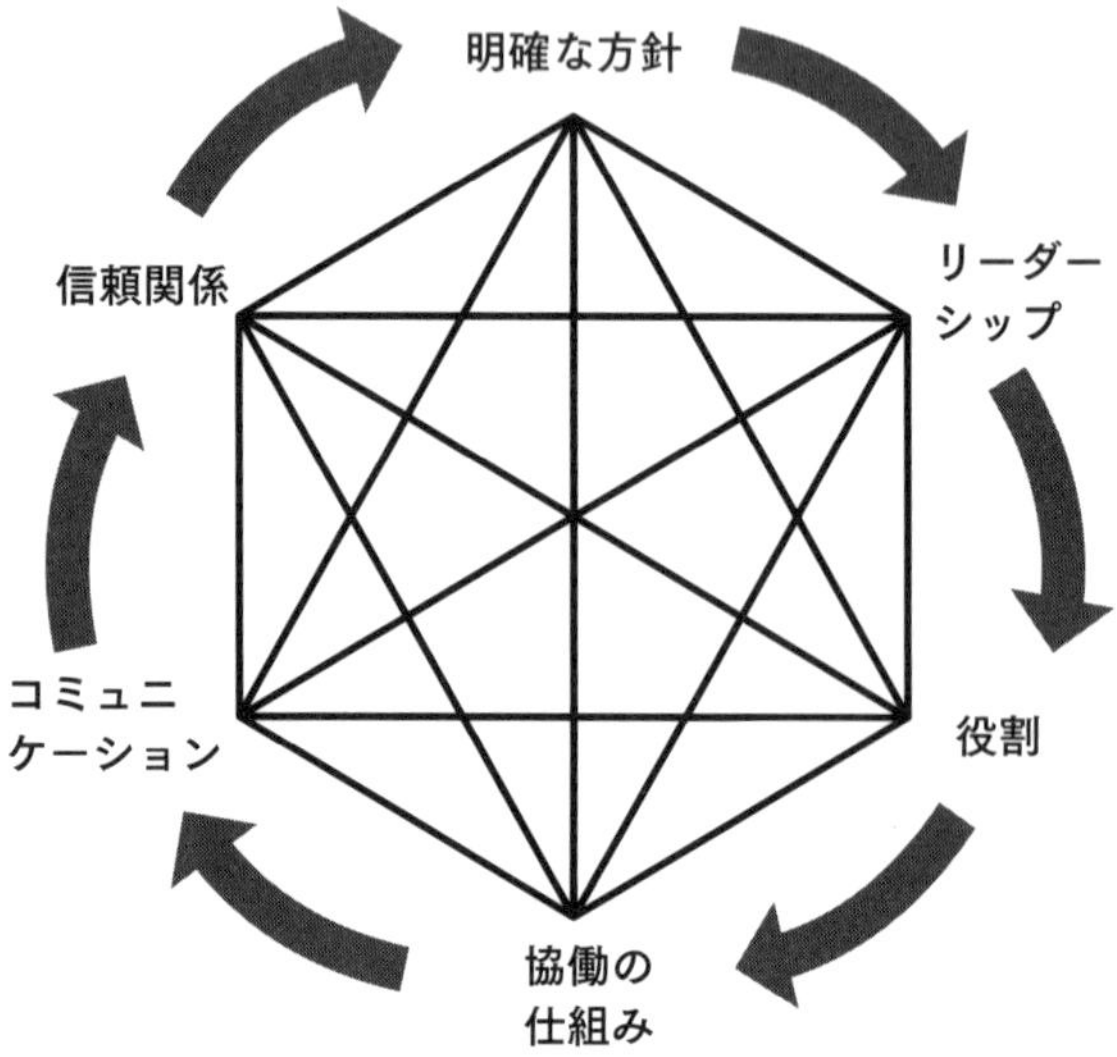

6つの要素は相互に関連している

垂範することで方針が実践されます。ですから、リーダーはチームにおける自らのリーダーシップを確立する必要があります。メンバーは模範者についていきます。また、リーダーだけでなくメンバー一人ひとりのリーダーシップも重要です。

3 役割

どんなチームにも、目標達成のための役割分担があります。各メンバーの役割が明確にされていると、各々に求められる能力も明確となります。

4 協働の仕組み

チーム内の業務プロセス、支援プロセスは、仕事の品質を高める基盤です。ここで徹底されるべき価値観は「仕事はチームでやるもの」です。

5 コミュニケーション

チームで最高のパフォーマンスを発揮するための「報連相」などのコミュニケーションが、協働の仕組みを支える重要な柱です。

6 信頼関係

チーム内の信頼関係を強化し、最高の状態にすることは、相乗効果を高める基盤となり、チームの業績に直接・間接に影響を及ぼします。

社員の前進を促す人事評価のしかた

人が人を評価する限界を知っておこう

働く人にとって、自分のやっている仕事が本当にチームや会社に貢献しているのか、また仕事のクオリティは十分なのか、は大いに気になるところです。

たとえ望ましくない評価であったとしても、手厳しいフィードバックであったとしても、何のリアクションもないよりははるかにマシです。

マザー・テレサの言葉「愛情の反対は憎しみではなく無関心」のとおり、人にとって最大の悪意は、憎しみよりもネグレクト（無視）なのです。

したがって人を動かすには、行動に対する適切なフィードバックと評価が欠かせません。

まして人事評価は、それによって、昇進、昇格、報酬という処遇が決まり、また本人への期待や信頼、チームに対する貢献度や仲間として尊重されているかなどもうかがい知れるものです。

人事評価は、人を動かし、パフォーマンスを高める原動力となります。ただし、評価が公正で適切でないと、人は動きませんし、かえって士気を下げてしまいます。

いくら緻密な評価表をつくっても、人間が評価する以上、公正さには限界があります。

人事評価の公正さを担保するには、ツールの精度を高めることよりも、評価のプロセスに焦点を当てて検証してみるべきです。

評価の公正さとは複数の視点から生まれる

社員のパフォーマンスと成長を促進する人事評価の仕組みは、まず目標や行動計画を立て、ゴールを設定する（可能な限り数値化する）ことから始まります。

何をもって成功とするか、ゴール設定がなければ、社員による結果へのコミットメントを確保することはできません。

ゴールは、部下と上司の合意で設定します。これが原則です。

部下の都合、会社の事情だけでゴールを決めることはできません。会社から一方的に押し付けられたゴールだと、部下にとってはノルマとなります。肝心なのは、部下本人の意思が反映されていることです。

評価の公正さを担保する第一条件は、ゴールを本人の意思（必ずしも自由意思ではなく、ゴール設定プロセスと上司の合意を経た意思）で設定することにあります。

他人が定めたゴールラインであれば言い訳もしたくなりますが、自分の意思で定めたゴールラインですから、評価についいては部下も受け入れやすくなります。

人事評価のもととなる業績評価に関しては、先述したようにたんなるビジネスの結果だけでなく、市場環境、独自の工夫の有無なども考慮し、計画の完了度合い、同僚や関係部署・外部パートナーとの協働度合い、必要な価値観の実践度合い、自己開発度合いなどといった評価要素をあらかじめ設定しておかなくてはいけません。

上司から部下への評価とフィードバックは、年に一回程度の業績評価のときだけでなく、基本的には毎月、少なくとも四半期に一度は行うべきです。

上司ひとりで部下の行動を把握することは不可能ですから、部下と共に働く社内外の関係者からフィードバックをもらうことも非常に有効です。部下としても、自分と一緒に働いている人からのフィードバックには関心がありますし、改善意欲を触発されるものです。

今、グローバル企業では、社員の「順位付け」ではなく「育成とパフォーマンス向上」のための定期的な上司と部下の対話が実践されており、メンバーの志気も能力も高まっています。

評価の要素

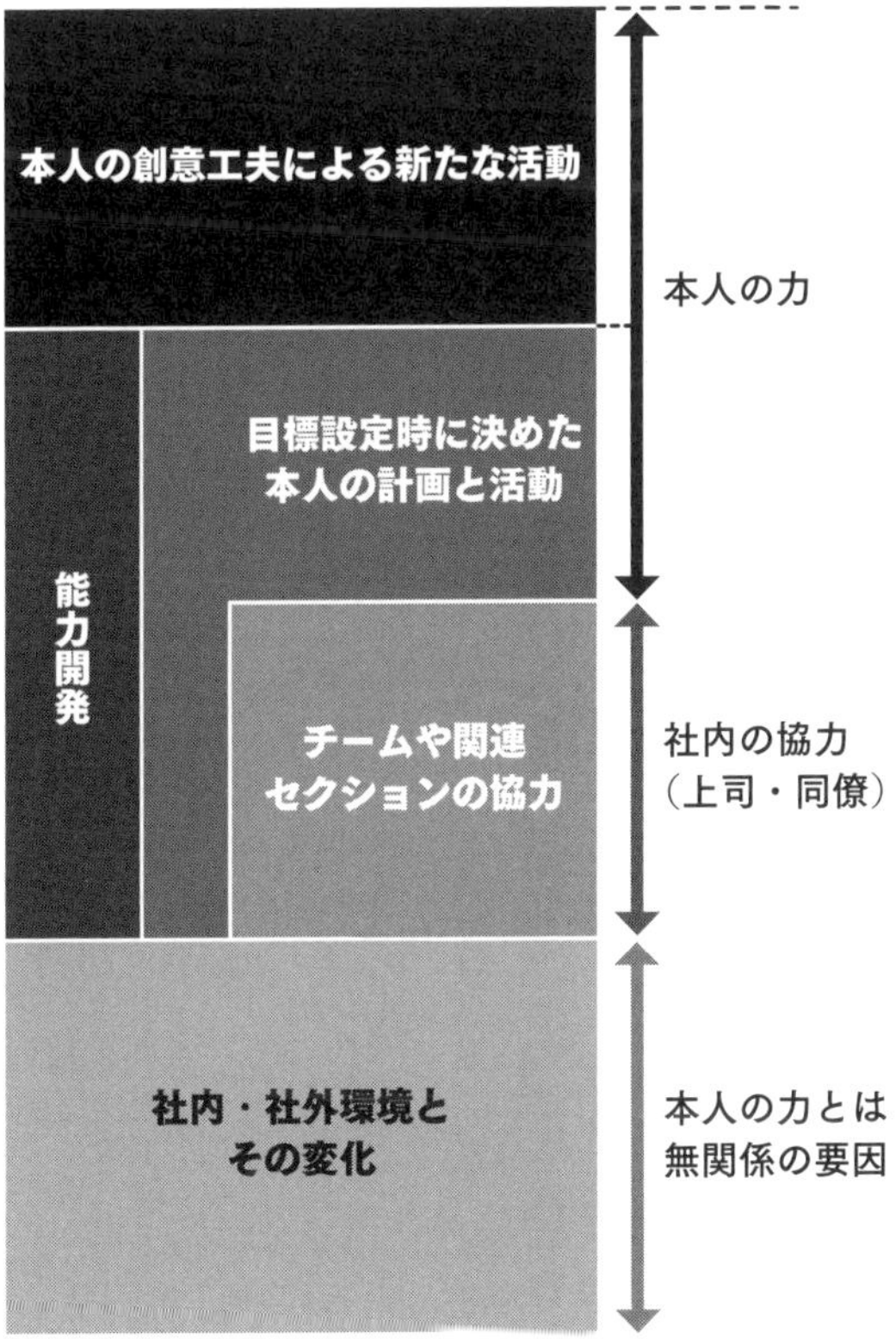
本人の創意工夫による新たな活動
目標設定時に決めた
本人の計画と活動
能力開発
チームや関連
セクションの協力
社内・社外環境と
その変化
本人の力
社内の協力
(上司・同僚)
本人の力とは
無関係の要因

報酬は大切、しかし報酬で人は成長しない

人は認められることで成長する

中国は、政治体制面では依然として問題はあるものの、１９９０年代後半から着実にアジア随一の経済大国への階段を駆け上ってきました。

その中国で、数年前から日本の名経営者に学ぼうという動きが出てきています。稲盛和夫氏や松下幸之助氏の本が飛ぶように売れているそうです。

彼らが特に熱心に学んでいるのが、経営者の幸福と従業員の幸福の両立、そして「利他の心」です。

利己的な人が多いような印象を受ける中国ですが、企業が成長するにしたがい、やはり金銭的な報酬だけでは従業員の本当の信頼は得られなくなっているのかもしれません。

企業が持続的に成長するには、報酬以外でも従業員満足が必要なのです。

これは中国でも日本でも同じですし、もちろん欧米の企業でも同じです。人類に共通する原理原則といえるかもしれません。

これまでの数々の調査結果から、社員が会社で頑張り続ける理由は、組織から承認され尊重されるからであり、チームから期待されるからであり、仕事に誇りを持てるからであり、仕事にやりがい、生きがいを感じられるからです。

報酬や福利厚生は、意外かもしれませんが、会社のために頑張る理由としてはずっと下位に位置します。

人はつい目先の報酬に目が行ってしまいがちですが、新入社員でも初任給の額だけで会社を選ぶ人は稀でしょう。多くの社員は、働きやすさ、働きがい、自己の成長と自己実現が、その仕事、その職場にあるか否かを考えて選んできているはずです。

報酬は有限、成長は無限

とはいえ、目先の利益で人が会社を変わるということも、日常的に起きるひとつの事実には違いありません。

しかし、報酬の効果は短命です。報酬が上がったことで士気が上がるのは、長くて半年、短ければ1か月程度でしょう。

ある経営者の部下で優秀な男が、「給料が安いので退職を考えている」と経営者に相談してきたそうです。

経営者は、この男を引き留めるべく給料を増額しました。ところが一年後、またこの男から、「他社から倍の報酬で来ないかと誘われている」と相談がありました。

経営者は、今度は引き留めることなく、退職を許可したそうです。

経営者が思い切って報酬を上げても、何か月かすれば本人にとってはそれが当たり前の水準になってしまうからです。報酬とはそういうものです。

報酬で残る（入る）人は報酬で出ていきます。報酬不満型のジョブホッパー（会社を転々とする人）は、会社の財産とはなりません。

ただし経営者は、社会の動きを見ながら、自社の給与水準の適正さをつねに検証することを怠ってはいけません。

報酬アップを組織の力につなげるには、報酬を上げるとき、同時に人材の成長を促す人事施策を導入することです（次ページの図参照）。報酬アップは、人材をレベルアップするきっかけとすべきなのです。

報酬と人事施策をリンク

新しい報酬決定

- よりチャレンジングで新たな業務 ------→
- チーム力／組織力強化の課題への取り組み ------→
- リーダーシップ教育 ------→
- 新たな専門スキルトレーニング ------→

報酬アップを動機づけに
本人のパワーアップ策を導入

コミュニケーションを人事評価の対象とせよ

飲みニケーションでは不十分

尊敬と信頼、共感で動く人は、めったなことではリーダーに背を向けることはありません。ただし、人を尊敬と信頼、共感をもって動かすには、優れた人間性を基にしたコミュニケーション能力が必要です。

「優れたリーダーは例外なく優れたコミュニケーターである」という言葉にあるとおり、コミュニケーション能力は、マネージャーや経営陣にとって必須のスキルといえます。リーダーだけではありません。たとえ新入社員であっても、およそビジネスに関わる人にとってコミュニケーション能力は欠くことのできないものです。

ビジネスでの問題や失敗の多くは、コミュニケーションの問題によるとさえいわれます。ところが日本企業では、このコミュニケーション能力をあまり重要視していない傾向が見られます。特に組織内の階層が上がるほど、その傾向は強くなるようです。

日本企業のリーダーたちの勘違いは、コミュニケーションを仕事の一環と見ていない点にあります。コミュニケーション・スキルは、人事評価されるべき能力です。

日本企業には「飲みニケーション」という独特の造語がありますが、部下との意思疎通を図るのにアルコールの力に頼るようでは、正しい相互理解はできません。コミュニケーションのうまい上司は、必要なコミュニケーションは仕事中に完了します。

私は「飲みニケーション」も、関係強化の点からは賛成です。ただし、「飲みニケーション」は部下の悩みを聞いてあげることや、夢や人生を語ることに使いたいものです。

効果的なコミュニケーションスキルとは、雄弁であることではなく、相互理解を深め、相手によい影響を与えることです。

それゆえ、「優れたリーダーは例外なく優れたコミュニケーターである」のです。

コミュニケーションスキルは学んで身につけるもの

組織の中では、上司には命令権がありますので、部下は上司の指示に従います。

だからといって、その上司に「人を動かす力がある」ということにはなりません。人を動かすとは、人が積極的に自ら進んで動き出すことです。

命令で人を動かしているうちは、最高のパフォーマンスは期待できないものです。人は、自らの意思で積極的に動き出してはじめて100%以上の力を発揮するようになります。命令だから仕方ないと、不承不承動いているうちは真の力を発揮しません。

コミュニケーション能力を高めるための研修プログラムを導入することも、重要な人事施策のひとつです。新たな学びなしに行動は変わりません。

社員の評価要素に、コミュニケーション能力や対人力を加えることも有効な方法です。そうすることによって、社内にコミュニケーションや対人力を重視する価値観や文化が醸成されてくるからです。意識を変えると行動が変わり、成果も違ってきます。

コミュニケーション能力とは、論理的で説得力のあるプレゼンテーションや話し方ができるというだけでなく、傾聴力や質問力、人を巻き込むスキル、議論の仕方など多岐にわたるスキルです。スキルは毎日使わなくては習慣になりません。

コミュニケーションは時間があるときにやればよいという悪しき文化をそのままにしておいては、コミュニケーションが仕事の重要な道具となることはないでしょう。

もし、上下の意思疎通、社員のやる気、生産性に課題や問題があるようなら、新しいコミュニケーションの能力を鍛えてください。必ず改善されます。

欧米の「論理の軸」と
日本の「感情の軸」

欧米

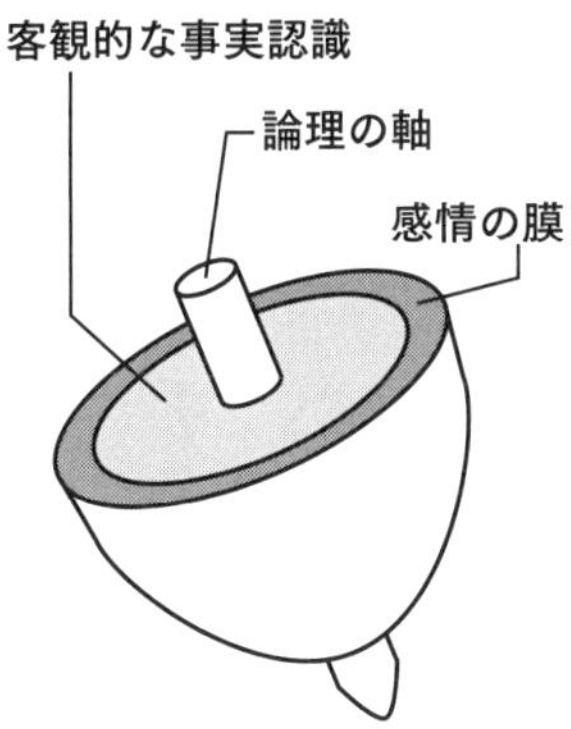

・客観的な事実やデータを基にしたロジックが重要
・感情が入りにくい

日本

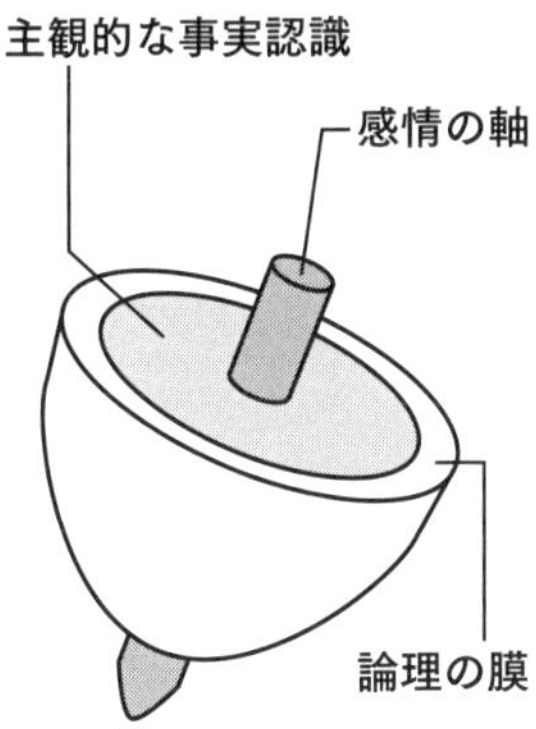

・状況や関係性、立場や役割を基にしたロジックが重要
・感情が入りやすい

長期的な成長を促す キャリアパスを示そう

キャリアパスは成功の道しるべ

だれでもよい人生を送りたい、成功したいと思っているはずです。

企業のトップになる、あるいは部門のトップになるというのは夢でしかない、と思っている人が最近増えているといわれます。実際、管理職になりたくないと思っている若者が多いようです。しかし、夢のない人生はつまらないものです。夢があるから、人に生きる活力が生まれるといえます。

数々の成功者と対話し、成功者になるためのベストセラーを書いたナポレオン・ヒルは、「私たちは自分が考えているような人間になる」と言いましたが、実際その通りなのです。大きな夢のある人ほど大きな仕事をし、夢を実現するものです。

組織の中で成功することを夢見て頑張る人は、夢の大小にかかわらず、組織にとっても有意義な存在になる可能性を持つ人です。しかし、やみくもに成功を目指して頑張るだけでは、成功はおぼつきません。成功するためには、成功するための段取りが必要です。

成功するための段取りとは、街中の書店に積んである「成功したい人のための本」を読むことではありません。企業にある「キャリアパス」です。このキャリアパスを社員に示すのも、人事の仕事のひとつです。

正統派の企業では、欧米企業であれ日本企業であれ、キャリアパスが示されています。キャリアパスとは、言葉を換えれば、夢を実現するためのロードマップです。いつまでにどうなるという目に見えるキャリアのロードマップは、会社が社員に何を求めているのか、何を評価するのかを示します。

ただし、企業のキャリアパスやロードマップは、個人の成功を確約する計画表ではありませんので、個人が夢を実現するには別途、独自の計画表をつくる必要があります。

締め切りのある計画が実現性を高める鍵

人事施策として、個人の夢実現の計画表までつくらせる会社は稀ですが、皆無ではありません。ある住宅建築会社では、社員全員に人生の計画表をつくらせるプログラムがありました。

いつまでに一級建築士資格を取って、いつまでに家庭を持ち、いつまでに部門の責任者になるかを各自が記入し、計画表とするのです。

夢に締め切りの日時を設けることで、夢の達成率は上がります。何を、いつまでに、どれだけとなったときに、夢は実現可能な計画となるのです。

この住宅建築会社は、「人生計画表プログラム」を導入してから、社員のモラール（意欲）が上がりました。

いつまでにどうなりたいという夢は理想となり、理想は計画を生み、計画は実行の原動力となって実現に向かって動き出します。計画表があることで、人は実現に向かって動き始めるのです。それが計画表の意味といえます。

では、計画表のマイルストーン（途中の目標地点）となるものは何でしょうか。

それが、キャリアパスに書かれている職務と、職務に必要な能力の要件です。

個々人のキャリアパスは、社員本人がつくることもできますが、基本はやはり会社がある程度用意すべきものです。なぜなら、キャリアパスで求める能力や価値観、あるいは倫理性といったものは、会社が求める要件だからです。

まずは、社員一人ひとりが自らのキャリアプランを考える機会を設けることでしょうか。

キャリアパス

レベル	役割&成果	主要業務	能力	備考
ディレクター	・×××××× ・××××	・×××××× ・×××××× ・××××××	・×××××× ・×××××× ・××××× ・××××× ・××××	・×××××× ・×××××× ・××××× ・××××× ・××××
シニア・マネージャー	・×××××× ・×××××× ・×××××	・×××××× ・×××××× ・××××× ・××××× ・××××	・×××××× ・×××××× ・××××× ・××××× ・××××	・×××××× ・××××× ・×××××× ・××××× ・××××
マネージャー	・×××××× ・×××××× ・×××××× ・××××××	・×××××× ・××××× ・×××××× ・××××× ・××××××	・×××××× ・×××××× ・××××× ・××××× ・××××××	・×××××× ・×××××× ・××××× ・×××××× ・××××
スペシャリスト	・×××××× ・×××××× ・××××××	・×××××× ・×××××× ・××××× ・××××× ・××××	・×××××× ・×××××× ・××××× ・×××××× ・×××××	・×××××× ・×××××× ・×××××× ・××××× ・××××××

注：本人の意向／能力と会社の受け皿をもとにして、
他業務を含めたキャリアパスをつくることも可能。

地球をステージに活躍する人をつくる人事

中小企業にも必要なグローバル人材

グローバル人材の必要性が叫ばれるようになって、すでに10年以上経っています。この間のインバウンド効果もあって、もはや国内市場といえどもグローバル化への対応なしにはやっていけない状況が加速しました。

これまで、グローバル人材の育成対象としては、主に大企業の社員が中心のように見られてきましたが、いまや国内の飲食店チェーンやサービス業も積極的に海外へ出て行っています。これまで海外とは直接取引のなかった業種です。

それでも、チャンスと見れば海外にも出て行く。それが企業家の行動です。

中小企業が海外へ出て行くことは、なにも珍しいことではなくなりました。いまやグローバル人材を育てることは、リーダーを育てるのと同じレベルで重要なこととなっていま

グローバル教育と
グローバル人材の登用

グローバルリーダー教育への関心度合 n＝226

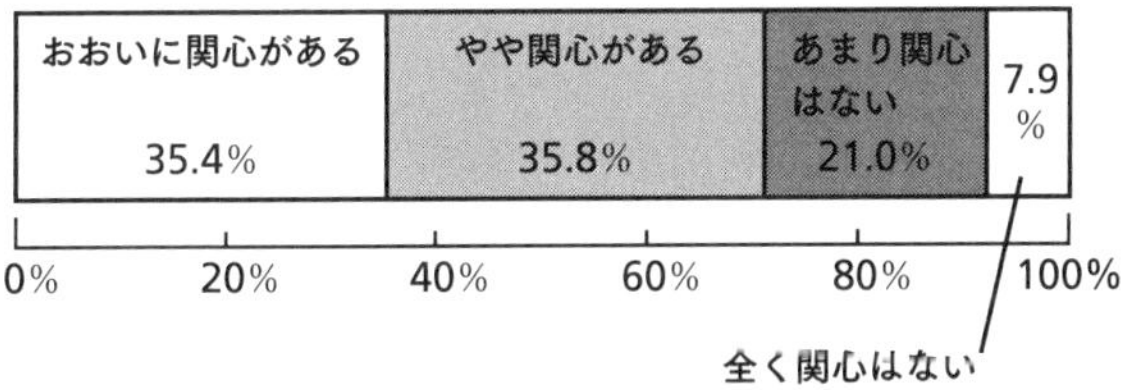

グローバルリーダー教育の実施有無 n＝222

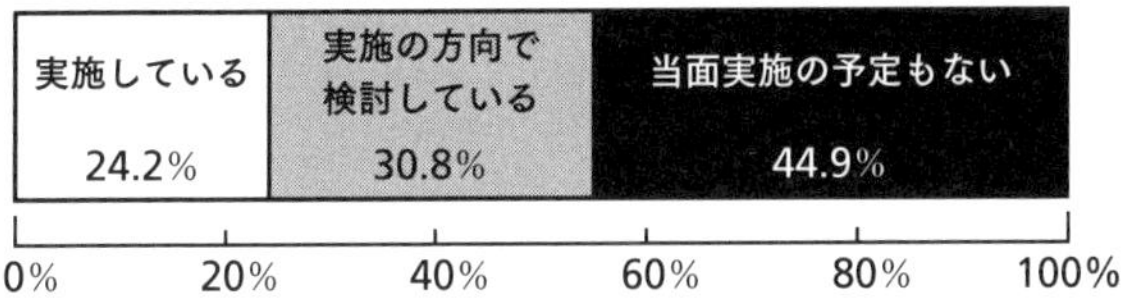

経営幹部登用における海外赴任経験の重視度合 n＝225

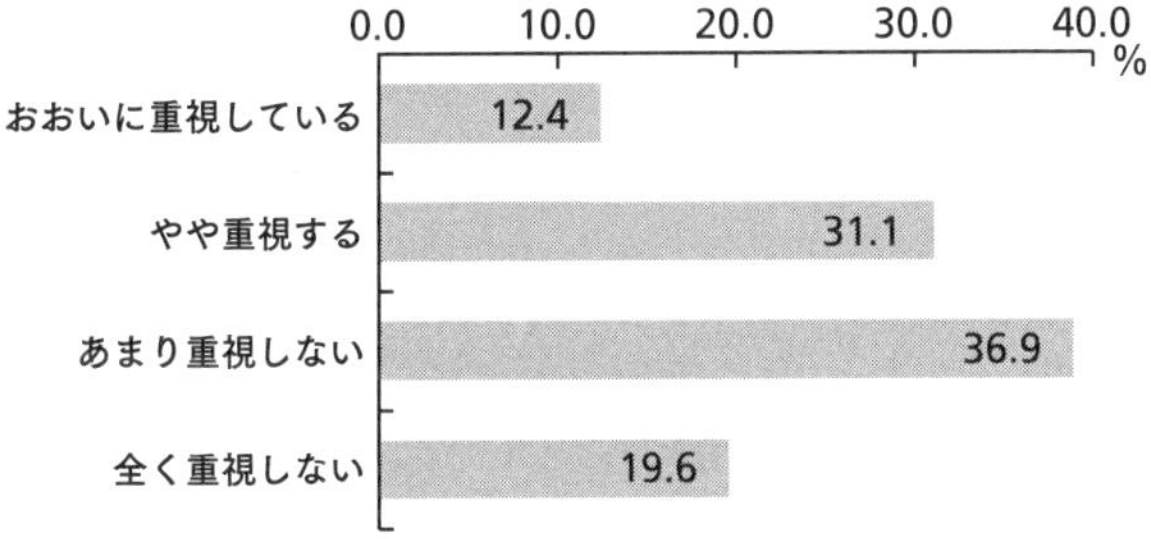

（2012年、日本生産性本部「将来の経営幹部育成に向けた『選抜人材教育』に関する調査」より）

す。

ところが、グローバルリーダー教育を実施してはいるものの、経営幹部に登用するときの条件に海外経験を重視するところは、まだそれほど増えていません。しかし今後、海外経験を重視せざるを得ないときがくるのは時間の問題だろうと思います（前ページの日本生産性本部資料を参照）。

グローバル人材の育成というと、ただちに語学スキル、それも英語のスキルにばかり関心が集まりますが、すでに世界を舞台にビジネスを展開している企業では、日本企業でも外資系企業でも、語学力の位置づけは低くはないもののトップではありません。

これからのグローバル教育の条件

日本企業のグローバル教育は、「語学スキル」のほか、「異文化コミュニケーションスキル」「現地の文化と職務や生活におけるノウハウ」などが基本です。

一方、外資系企業では、異文化コミュニケーションスキルだけでなく、多文化環境での考え方やビジネスの進め方を同時に鍛えています。つまり、育成の基本は（1）異文化実体験、（2）現地でのリーダー経験、そして（3）現場の上司による教育です。

私自身、留学だけでなく、外資系企業で外国人の上司や同僚と仕事を進めてきたこと、グローバルプロジェクトのマネジメント経験や台湾を含む東アジアでの業務経験によって大きくグローバルスキルを成長させてきたと思っています。

日本企業のグローバル人材育成プログラムは、いままでは選抜した人に対して異文化教育を中心に組んでいましたが、これからはよりビジネスに根差した、実体験中心、実務中心のプログラムに切り替えていくことが必要です。

具体的なプログラム内容としては、「海外オフィス・工場での業務体験」「多文化間での問題解決ワークショップ」「多文化環境でのチームづくり」「対人関係構築の基本」「多文化の中でのマネジメント」などとなります。

今後、企業の持続的繁栄のためにグローバルビジネスの視点は欠かせません。外国人や海外経験者を積極的に企業の経営幹部に登用する人事的な変革も必要でしょう。

1990年代の日本P&Gでは、7割が日本人、2割がアジアの人材、1割がアジア以外の人材という社員構成を基調としていました。日本企業のグローバル化とは、こうした人事の動きを伴ったものでなければ本物とはいえません。

それも今後の日本企業の人事の課題だと思っています。

導入からリーダー開発までのプログラムチェックリスト

1. オリエンテーションは効果的か

新入社員や中途社員に対するオリエンテーションは、望まれる人材像、期待されるマインドと行動特性を醸成するための大切な研修。100年以上続く欧米の優良企業によく見られる特徴は、オリエンテーションで企業目的、理念、価値観、行動指針の原則、期待される人材像、してほしいこと・してはならないことを徹底して教える。

2. 業務直結のビジネス・スキル研修は効果的か

期待される能力、基本的ビジネス・スキルを明確にし、体系立てて網羅していることが大事。グローバルなM&A、また顧客やサプライヤー、競合のグローバル化が進んだ現在、「異文化コミュニケーションスキル」や「グローバル時代の効果的仕事術」、「グローバルチーム（協働）スキル研修」などもいろいろな企業で実践されている業務直結型プログラムである。

3. 専門スキル研修は効果的か

必要な各部門の専門スキルが明確であり、体系だって習得できるプログラム。進んでいる企業は「暗黙知」を「形式知」に変え、プロフェッショナルとしての専門スキルを社員に教育している。

4. 卓越したリーダーは全部署で育っているか

すべての階層で必要な「マネジメント能力」、「部下育成能力」、「リーダーシップと組織構築能力」などを体系立てたプログラム。管理者研修で、部下育成や求められる管理者像だけでなく「戦略的ビジネス構築の方法、実践スキル」やリーダーとしての「チーム構築方法、基本能力、変革実践のポイント」などを徹底させること。

CHAPTER

5

人を伸ばす・組織を生かす人事システム

組織づくりはまず要のリーダーづくりから

仕組みは連動してこそ効果を発揮する

繰り返しになりますが、人事とは組織図上の部門のことではありません。

人事部があるから人事があるわけではなく、いかなる会社にも人事はなくてはならない仕組みであり、人を生かす仕組み、人を育てる仕組み、人に最高のパフォーマンスを発揮させる仕組みです。

組織の仕組みには、会社のミッションを成し遂げるための事業構築に関するもの、会社を理想の形に持っていくための組織構築に関するもの、それらを動かすための人づくりに関するものがあります。

そして、この人づくりに関わる仕組みが人事です。

これらの仕組みは、単独で存在するものではありません。相互に関連し合い、補完し合って組織の仕組みを構成しています。

したがって、優れたリーダーをつくるにも、人事とそれ以外の仕組みの連動が重要となります。

人事とは、全社的な仕組みと連動してはじめて効果を発揮するものなのです。

つまり、ラインのリーダーであれ、組織全体を率いるリーダーであれ、優れたリーダーをつくるには、組織的な仕組みをもって取り組まなければならないのです。

リーダーの力を強化するには

会社の力は、なんといってもリーダーで決まります。

どれだけ優秀なリーダーがいるかが、言葉を換えればどれだけ多くの優秀なリーダーを育てているかが、その会社の力です。

私は、リーダー育成に欠かせない要素は、次の6つであると考えています。

1 あるべきリーダー像（Espoused Leadership Vision）
リーダーとはどうあるべきか、どのような能力を持ち、どのような言動をすべきかが明確に記され、組織で共有されている。

2　模範（Example）

人は尊敬する人を見習って学びます。尊敬できる人をお手本に行動を修正します。したがって、リーダーの行動は組織全体の行動基準に沿ったものでなければなりません。

3　教育（Education）

リーダーになるための知識・スキル・姿勢は学ばなくてはいけません。またリーダーになったとしても、できていないこと、できてはいるがさらに伸ばすべきことは多々あります。そのため、リーダーにも成長するための学びの機会を与える必要があります。GEのクロトンビルがよい例です。

4　経験（Experience）

チャレンジングで責任の重い仕事は、人を本当に成長させます。一段難しい仕事にチャレンジさせることは、リーダーとしてのマインドと能力を培うために欠かすことはできません。

5　評価（Evaluation）

人は自らを包括的に正しくは評価できません。的確な評価と適切なフィードバックは、仕事の進捗確認とともに、自己理解を深め、強化点に気づくために、リーダーにとっても絶対に必要なことです。

6　環境（Environment）

人は環境や仕組みによって変化しますが、リーダーが成長し続けるためには、学ぶ文化、切磋琢磨する同僚、人とチームを育てる仕組みや制度などが必要となります。

以上6つをまとめると、まず、あるべきリーダー像（Espoused Leadership Vision）を明確にしたうえでリーダーシップを学ばせ（Education）、リーダーとして重要な仕事を経験（Experience）すること。

次に、リーダーとしての仕事や行動に対して、適切な評価（Evaluation）とフィードバックによって気づきと振り返りを促し、模範的リーダー（Example）に育てる。

さらに、リーダーが切磋琢磨する人事制度や組織の文化（Environment）を築くこと。

この6つの成功要因が備われば、社内に確実にすばらしいリーダーが育ってきます。

こうしたリーダー強化策も、経営者の行うべき大変重要な人事施策です。

社長がすべてのリーダーの模範となるトップリーダーであれば、このリーダー育成の仕組みは加速度的に強化されることとなります。

それが理想の形であることはいうまでもありません。

ラインのリーダーを生かしてこそ組織が生きる

リーダーにとって大事なこと

ここまで何度も述べてきたように、人を生かす組織の要はリーダーです。

リーダー中のリーダーは社長ですが、現場のリーダーは直接社員と接している分、社員への影響力は組織にとって非常に大きいといえます。

現場のリーダーが率いているチームは、組織の最小単位の集団です。最小単位の集団が活力を持つことで、その集合体である組織全体にも活力が生まれます。

したがって、組織が生きるも死ぬも現場のリーダー次第ですし、部下が育つも育たないも現場のリーダー次第です。

人事的施策で最も大事なことのひとつは、現場を率いるラインのリーダーの基準を定め、その要件を満たすための育成プログラムを導入することといえます。

では、現場（ライン）のリーダーに求められる役割や行動とは、どんなものでしょうか。すでに何度か述べたものもありますが、大事なことは次の４点です。

１　会社のビジョン（将来の構想）を共有している

企業の目的、望ましい顧客や市場への影響と会社の将来像（ビジョン）をトップと共有していることです。そして、ビジョン達成のためのあるべき企業文化、価値観、ミッション、それを実行する社員像を明確に部下に伝え、浸透させなければなりません。

２　戦略を適切に現場に落とし込む

戦略を現場に落とし込むためには、まずリーダー自身が戦略について深く理解しておくことが肝心です。次いで徹底的に現場の社員と意見を戦わせたうえで、メンバーのアイデアと考えも的確に取り入れ、現場の戦術や実行計画をつくることが必要です。

３　組織を活性化する

リーダーには計画をつくるだけでなく、それを実行させることができなければなりません。たんなる指示伝達だけでなく、動機付けをし、メンバー自らが強いオーナーシップをもってやるべき業務計画やプロジェクトを推進するよう組織の活性化を図ります。

４　組織の力を高める

計画がきちんと実行されるように、リーダーには部下育成を行う義務があります。フィードバックやコーチングも育成活動のひとつとしてここに含まれます。

人事施策は、トップのビジョンと戦略が組織全体に浸透することを支援するものでなければなりません。

成功するリーダーの5つの能力

グローバルな調査でわかった成功するリーダーの能力特性は、次の5つとされています。

1 課題解決能力――これは、正しく状況分析し、判断し、問題解決やイノベーションをする力です。変化の激しい時代ですので、自己向上力も必要とされています。

2 結果志向――高い目標を目指し、逆風にも負けず、計画した以上のことも実行し、確実に結果を出し、成果を伸ばし続ける力です。

3 対人能力――信頼関係を築き、効果的に意思疎通を図り、影響を与え、動機付けし、部下育成とチームワークの構築を行う能力です。

4 変革推進力――将来の構想と戦略を立て、外部も巻き込みながら、新たなビジョン達成のための変革を推進する能力です。

5　高潔な性格――インテグリティがあること。裏表なく、常に正しいことを正しく行えることです。

これら5つの能力は、「そこそこ行える」のではなく、リーダーは他に抜きんでて、卓越していなければなりません。

5つすべてに一気に挑戦すると、かえって散漫になりますので、まずは自分の一番強い能力にさらに磨きをかける。それができたら、次の能力の強化に挑戦する、というのが成功への近道です。

先のグローバルな調査が示す、リーダーにはなったが途中から失速してしまう人の致命的な欠陥も挙げておきましょう。厳に戒めるべき5つです。

1　失敗から学ばない
2　対人スキルを欠く
3　新しいこと、異なる意見を受け入れない
4　責任意識が薄い
5　新たなことに着手しようとしない

経営陣を成長させる評価制度をつくれ

測定されるものは達成される

会社において最も重要となる人材とは、社長を含むトップリーダーたちです。

組織論には、「組織は上層部の能力以上に発展しない」という原則があります。トップ層が弱くては、いかに現場のリーダーが優秀でも、会社は大きく発展できません。

戦術の失敗は戦略で補えるといいますが、戦略（経営陣の判断）の失敗を戦術（現場の努力）で補うことは不可能に近いのです。社員を生かすも殺すもラインのリーダー次第であるように、企業を生かすも殺すも経営陣次第といえます。

人事にとっても、経営陣の強化は重要な役目です。

ところが中小企業では、経営陣に対する強化・育成プログラムを持っているところは非常に少なく、役員や取締役はあたかもすでに完成形であるかのような扱いとなっています。

しかし、仮に社内のキャリアとしてはそこがゴールであったとしても、リーダーとしての成長を止めることは許されません。すばらしいリーダーはすばらしい学習者です。

経営陣の成長が止まれば、企業の成長もそこで止まってしまうからです。

経営陣の強化・育成の第一歩は、「評価、またはアセスメント」となります。品質管理の基本原則として「測定されるものは達成される」といわれるように、経営陣といえども評価されないと成長しません。

経営陣の評価は、次の2つの面から行います。すなわち、経営幹部個々人の評価と、経営陣をチームとして評価することです。

経営幹部の評価は360度から

経営幹部の個人評価としては、次の3項目がよく使われます。

1 ビジネス成果――ここでは、経営幹部がミッション達成のために何を行い、どういう状況下で何を達成し、それがビジネスにどう貢献をしたかを数値で評価します。

2 組織成果――社員エンゲージメントの向上度合い、部下能力の向上、組織の生産性の向上、新組織の構築など、「組織能力向上」の目標に対する達成度合いを調べます。

3　リーダー・コンピテンシー――必要とされる幹部リーダー能力や姿勢に対し、その実現度合いを評価します。公正性を高めるために、360度評価で見ることが重要です。

これら以外に、昇進前や異動に伴い役割の変化が生じたときなどは、「価値観・行動・資質」を評価することもよくあります。

一方、経営陣のチーム力は、次の2つで見ます。

1　従業員意識調査――経営幹部のロールモデル（お手本となる）行動はどうか、ビジョンの推進をしているか、戦略実行度合いはどうか、チームで協働しているかなどの項目を設け、「社員の目から見て経営陣の行動と施策がどう映っているか」を調べます。

2　経営陣のチーム・アセスメント――「経営幹部がチームとしてどう機能しているか」を経営陣の個々人が相互に評価するものです。

これらのアセスメントは、経営幹部の成長と進捗の評価だけでなく、正しい人間を経営幹部に選定することにも活用され、今後の強化点を明確にするためにも役立ちます。

人の資質（価値観）別の適性

価値観	
①経済性（実利）	営業・マーケティングに向く
②真理・論理	研究職・教師に向く
③審美性	デザイナー・ファッション商品担当に向く
④社会性（貢献）	サービス業・サポート部門に向く
⑤権力（パワー）	政治家・ネゴシエイターに向く
⑥伝統・倫理	コンプライアンス・法務担当に向く

後継者を若いうちから鍛える サクセッション・プランという人事戦略

後継者を選抜するシステムをつくる

サスティナビリティ（持続可能性）のある企業となるためには、後継者の育成とスムーズな経営のバトンタッチが必要です。後継者の選抜と育成が、企業の将来にとって最重要の課題であることはいうまでもありません。

ところが、後継者に選ばれたリーダーのうち3割以上が失敗しているという調査結果もあります。後継者の選抜と育成プログラムには決め手がないということの表れでしょう。後継者の選抜・育成ができない企業は、経営幹部を社外登用ばかりに頼ることになってしまいます。

これは、組織の力と社員の士気を下げることとなるので、避けたいところです。

「フォーチュン500」の優良企業の多くは、経営幹部候補をサクセッション・プラン

（後継者育成計画）に沿って、計画的に管理・育成しています。

サクセッション・プランとは、主要職務すべてにおいて後継者を常に社内から複数選抜し、彼らをどのように育成し、どのように評価し、いつごろ部門長、事業部長、経営幹部などに登用するか、という計画です。

後継者育成を中長期的に考え、サクセッション・プランを確実に実行し、公開していくことで、スムーズに組織の新陳代謝をして成長することが可能となります。

現在、後継者育成の方法として最も実績があるとされているのが、このサクセッション・プランです。

公正な評価がサクセッション・プランの生命線

サクセッション・プランを成功させるポイントは次の5つです。

1　将来の幹部候補に必要な基準を明確にする
2　ハイ・ポテンシャルな人材を社内の幅広い部門から選び出す
3　ひとつのポジションに対し、第1候補、第2候補、第3候補と複数の候補を考えておく

4　将来の経営幹部へと成長させるために必要なアサインメント（仕事を任せて経験させる）計画を作成、実行する

5　定期的にレビューをし、強化策をつくり、入れ替えなどの修正を行う

旧式の日本の組織では、幹部候補として入社した人間はキャリア組として、よほどの失敗をしない限り、ある程度のポジションが約束されていました。

しかしサクセッション・プランでは、候補者は将来を約束されたわけではなく、可能性があるだけです。基準を満たす業績や能力開発ができなければ、候補から落ちることもありますし、候補から漏れた人でも、後から認められて候補入りすることもあります。

サクセッション・プランの導入を考えている企業は、まず主要職務の洗い出しからはじめ、候補となる人材の選定を社内の全部門で行ってください。

その結果を表にし、経営幹部全員でレビューし、ハイ・ポテンシャル人材や今後のリーダー人材の育成計画、またはその強化策を考えます（次ページの図表参照）。

もし、候補者が社内にいないという場合、あるいは候補者が若すぎて育成に年月を要するという場合は、外部から適切な人材を採用して育成する計画も必要となります。

サクセッション・プランの例

職務	現在（滞留年数）	次期候補（登用時期）	次々期候補
営業部長	松井太郎（6年）	鈴木仁美（06年4月）	岡田一郎（11年7月）
東日本担当課長	鈴木仁美（4年）	佐藤美子（06年4月）	野茂三郎（10年7月）
西日本担当課長	野茂三郎（2年）	岡田一郎（08年7月）	佐藤美子（11年7月）

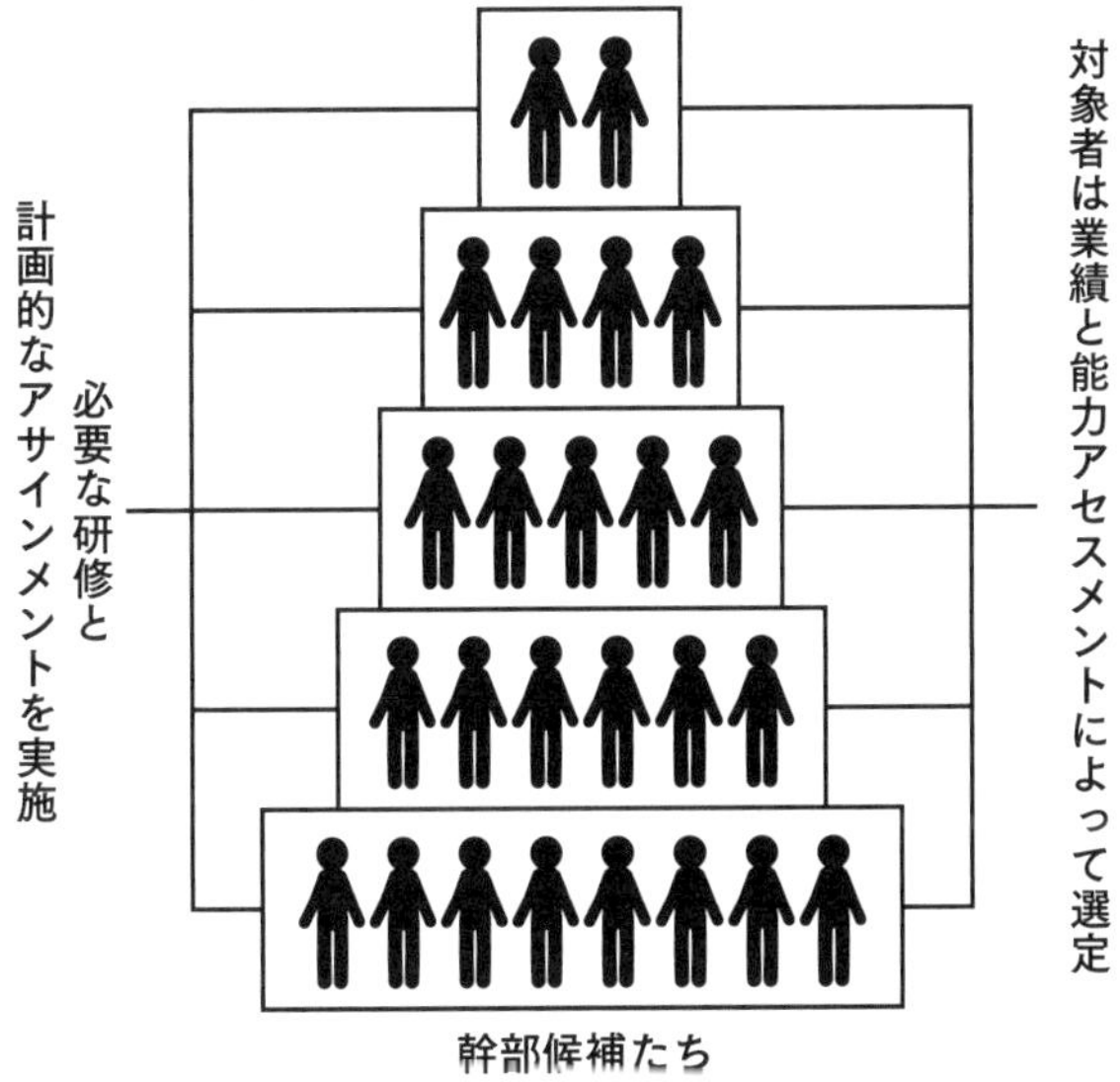

人は仕事で成長する効果的なアサインメント計画の立て方

人は経験させて伸ばす

ここまで何度か述べたとおり、人を生かすには、仕事で鍛える人事施策が必要です。そのためには、人材の強化と育成のための「アサインメント計画」がなくてはなりません。アサインメント計画とは、困難で責任ある仕事を任せ、その仕事を通じて本人自身も成長することを目的としています。

目標を達成することのみならず、そのプロセスで経験する困難を乗り越えることで、ビジネスパーソンとして成長することを目的とした計画です。

アサインメント計画は、人材戦略の実行計画でもあり、また、個人の能力開発プログラムという人事施策でもあります。

一般的に、多くの経営幹部や管理者は、人はＯＪＴで伸ばすもの、スキルや知識は教育研修で身につけるものと考えがちです。その結果、自ら積極的に部下を鍛えている幹部や管理者はあまり多くありません。

人材の能力開発と育成に関しては、なんといっても「チャレンジングな仕事を経験する」のが一番効果的です。

あるスキルを鍛えようと思えば、そのスキルを必要とする業務やプロジェクトに就かせるのが最善ですし、能力をさらに伸ばすには、ストレッチ（少し背伸びをしなければ届かないレベル）のある仕事に挑戦させ、それを成し遂げる経験が最も効果的といえます。

欧米の優良企業では、計画的に毎年いくつかの新しい挑戦をさせることで、リーダーやプロ人材の育成を成功させています。

私自身、これまでP&Gなど米系企業4社でリーダーや経営幹部を経験し、マーケティング時代は新分野でのビジネス構築、人事時代にはグローバル人材開発プログラムの立ち上げ、台湾人事部長、北東アジアの組織開発部長など、毎年数々の新しいチャレンジをさせてもらえました。そのおかげで成長できたのはすでに述べたとおりです。

リーダーとして人を率いる人になるには、チャレンジングなアサインメントを避けて通ることは許されません。

アサインメントはキャリア・プランの一環

効果的なアサインメント計画の基本は、次の４つです。

１　戦略に関わる重要業務であること

会社や部門の戦略達成のための業務や、難易度の高い重要な仕事であればあるほど、本人のやる気と本気度をかき立てます。

期待の大きさ、達成したときのチームや会社への貢献度の高さ、そして達成しなければならない責任の重さが、アサインメントの大事な要素です。

上司は、本人が挑戦したことのない、負荷の高い「戦略的に重要な業務」を任せること。それを達成したときに、リーダーとしての能力は大きく高まることになります。

２　人材育成・開発プランとの連動

本人の強みを伸ばし、必要な能力を強化するような業務やプロジェクトを任せます。

たとえば、コミュニケーションと関係構築力の強化が必要な人には、部門横断プロジェクトのリーダーというような役割を経験させ、傾聴力、発信力、チーム構築力などを鍛えるのです。

伸ばすべき能力を使わざるを得ない環境に置くという観点からは、別の土地や別の国に赴任させるのも有効です。

ある強権的なトップダウン型のリーダーを参画型文化の国に赴任させたところ、1年後にはボトムアップを推進できるリーダーになったという実例もありました。

3　的確なフィードバックと評価（アセスメント）

あるべきリーダーとしての姿に対し、本人が現在発揮できている能力、発揮できていない能力などについて、360度フィードバックも含め、評価（アセスメント）を行います。

4　キャリア・プランと一貫性があること

本人の思いや会社の求める能力と関係性の薄い職務をあれこれさせることは、時間とお金のムダとなります。

本人のキャリアに関する意向と、会社側の意向をすり合わせたキャリア・プランに沿って、目指すキャリア・ゴールに至るまでに経験すべき仕事を実際にさせることが、アサインメント計画では重要です。

人を伸ばすには段階に応じた働きかけが必要

人間の4つの成長段階

会社における人の成長には4段階あります。多くの外資系企業は、社員の育成アプローチを決めるのにこの考え方を取り入れています。

4つの段階とは次のとおりです。

第1段階は、新入社員のように意欲はあるがスキルが低い状態。第2段階は、スキルは少し上がってきたが、意欲が下がっている状態。第3段階は、かなりスキルは伸びてきたが、意欲や自信にばらつきがある状態。そして第4段階は、能力は熟達し意欲にあふれ、次のレベルに進める状態です。

そして、上司の対応法は、部下の状態（段階）によって異なってきます。

新入社員に代表される第1段階の部下には、まず業務の基本を明確にして、徹底的に教え込みます。この段階のメンバーはやる気が高く、ドンドン吸収しようとします。

第2段階の社員は、いくらかのスキルは身についてきましたが、同じ仕事ばかりでマンネリ、上司から認められない、学ぶ機会が少ないなどの理由で意欲が下がっている人です。この段階の部下に対しては、ある程度任せる、できたらほめるなど、上司の働きかけでマインドを上げることができます。

第3段階の社員は、能力はかなり高まっているのに、意欲と自信にむらがある状態です。この段階で重要なのは、本人の自信を高めることですので、本人にゴール設定をさせたうえで計画を作成・実行させ、小さな成功体験を積ませます。任せる、ほめる、フィードバックやコーチングを与えるのが効果的です。

第4段階にいる社員は、この職務においてはほぼパーフェクトにできる状態ですので、さらに高い次元の仕事に挑戦してもらいます。

環境を変えるのも人を生き返らせる人事施策

上司は部下の状況に応じて臨機応変に対応を変えることが重要です。

ただ、仕事や職場が本人に合っていない、他にもやりたい仕事が社内にある、といったときには、別の業務、別の部署に異動させることも選択肢に入れるべき人事施策です。

その際、不満や愚痴を聞くばかりでなく、何が中長期的に本人の成長と会社の業績向上につながるのかを本人に考えてもらいます。部署の異動は、たんなる問題の消火活動、緊急避難であってはなりません。

たとえば、既存顧客開拓担当だった人を新規顧客担当に変える、営業現場を担当していた人を営業推進など管理担当に変えるなどは、本人のこれまでのスキルとキャリアを生かすことにつながるため、本人も受け入れやすく、会社への貢献も十分期待できます。

もし、本人が積極的に新しい分野に挑戦したいのなら、まったく異なる部門に異動させるのも本人を生かす施策といえます。

多くの外資系企業では、社内公募制度があり、社内の部署から国内拠点、海外拠点も含め、社内ネットを通じて空きポジションを見ることができるようになっています。基本的には部下の応募に対して上司はストップできないのがルールです。

伸び悩んでいた人材が、環境が変わることでにわかに生き生きと蘇ることもめずらしくありません。異動も、人事が持っている有効な手段のひとつといえます。

人を生かすための
マインドを上げる力

マインドレベルが勝敗を制する

スポーツの世界でもマインドの力は大変に大きいものです。オリンピックのメダリストたちを調査研究した結果、彼らの強みはマインドの強さでした。スキルのほぼ互角の相手には、マインドの力でギリギリ競り勝つのです。

マインドの強さは、オリンピック本番の舞台に立ったときにだけ発揮されるのではありません。

高いスキルを身につけるためのトレーニングでも、マインドの強さが大きな力となります。

オリンピックのメダリストのようなトップアスリートは、日常的にハードなトレーニングをしています。一年中ハードトレーニングを続けることは、トップアスリートにとってもつらいことです。

そもそもオリンピックに出場できるような一流アスリートになるためには、このつらさに打ち克つマインドを持っていなければなりません。

なぜ、一流アスリートたちはそうした強いマインドを維持できるのでしょうか。

ある金メダリストは、本人のモチベーション以外に、ハードなトレーニングでも目的と効果がわかれば楽しくなると言っていました。

つまり、目的と効果（リターン、利益）に納得できれば、マインドは上がるのです。

社員のマインドを上げる人事の仕組み

ビジネスでもハードな局面は多々あります。

責任ある立場で難しい仕事に挑む、たとえば海外に生産拠点をつくるという仕事は、失敗すれば巨額の設備投資を無駄にしてしまいますから、責任の大きい仕事です。

こうしたしんどい仕事に挑むとき、まず、自分のキャリアビジョンを見つめ、このプロジェクトが自分にとってどういう意義を持つかを確認します。

その際、なぜこの生産拠点が必要なのか、成功したときにどんなメリットや利益があるのか、納得できる目的と効果を示されればマインドを上げることができます。

目的が明確であり、意義が大きいほど、人は大きい仕事を成し遂げるものです。

ただし効果（リターン、利益）については、それがたんに己ひとりの利益だとすれば、マインドの高まりにも限界があります。

人は本能的に何かに貢献したい動物です。その仕事がチーム全体の利益、会社全体の利益、さらには社会の利益、国の利益に貢献することであれば、マインドのレベルはより一層高まります。

あるメーカーのトップは、若い頃に東欧へ行ったとき、現地に赴任している商社マンが全員「この国の発展に貢献することがわれわれの仕事です」と胸を張っていたことにいたく感動したそうです。

社員が大きな目的を抱けるのは、会社の持つ大きな目的に共感しているからです。目的を信じられる社員には自信と誇りが生まれます。自信と誇りもマインドを高める大きな要素です。社員の自信と誇りを高めるには、小さな成功を認めて称賛すること。したがって評価（Evaluation）とフィードバックでは、小さな成功を見逃さないことが肝心です。小さな成功でも、それを周囲から称賛されることで自信と誇りは深まります。

こうした風土、習慣をつくるのも、人事の大事な仕事です。

ダイバーシティは ビジネスチャンスをつくる武器

異文化との遭遇はビジネスチャンスを生む

ダイバーシティというと、日本では女性と高齢者の活用ばかりに注目が集まり、外国人の登用という部分はまだまだ少ないように見えます。

ところがビジネスの世界では、M&Aによってすでにトップや上司、同僚が外国人になっているという企業はめずらしくありません。ダイバーシティはわれわれの目に見えないだけで、着実に進んでいるのです。

同じような人びとが集まり、同じような考え方で、同じようなことばかりしていては、新たな発見もなければイノベーションも起こりません。

男性中心で物事を決める職場ではなく、性別や年齢、国籍に関係なく議論を交わせる職場を築かなくてはなりません。

組織から性別や年齢の偏見を除くだけでなく、さらにダイバーシティを進展させ、異文化を融合することによって、より新たな発想が生まれ、新しい製品やサービス、イノベーション（変革）が生まれます。

人口が減少している日本において、外国人の積極的な登用は、今後増加することはあれ、減少することはないはずです。

ダイバーシティとは、人手不足の解消や国の税収源を確保するためではなく、国や企業の活力を上げるための施策です。

女性や若者の発想とともに異文化の発想も取り入れることで、人を生かし、組織を生かし、会社の業績を高める。そうしてはじめて、ダイバーシティ本来の意義を達成できたといえるのではないでしょうか。

人事はもっと融通無碍であれ

日本の中小企業は何か新しいことをはじめようとするとき、自前でやろうとするところが多いように見えます。資金的にけっして潤沢ではない会社でも、自前のシステム、自前の人材でアクションをスタートさせようとするケースが多いようです。

実はP&Gも、１９９０年代までは、研究開発から生産まで自前主義でした。

2000年以降はオープンイノベーションに大きくシフトし、外部のエキスパートと提携して、外の力も活用しながら新商品をどんどん世の中に送り出しています。

結局のところ、すべてを自前でやるのは労力と費用と時間のムダだと思います。

物的であれ、人的であれ、効果的で使える資源は社外であろうと外国であろうと使うべきです。社内にあるからという理由だけで競争力や優位性のないものを使うのは、けっしてスマートなやり方とはいえません。

もうひとつ、外資系では一般的でも日本企業ではめったにないのが、一度退職した人を再度雇い入れることです。日本企業では定年後の再雇用はありますが、途中で他社に移った人を再び迎え入れることは稀といえるでしょう。

しかし、外資系ではあります。もちろん能力の高い人の場合ですが。

社長は自前で育てる

他社に行っていた人には経験に広がりがありますし、わが社に貢献できると判断するならばなんら躊躇する必要はない、というのが外資の考え方です。

企業文化の基礎となる企業のミッション、価値観、理念で齟齬があれば再雇用はもちろん不可能ですが、この点で一致していれば、小さな作法の違いはかえって組織に刺激を与

リーダーが育つ組織の条件

1. 社員に必要な価値観、行動、姿勢が明確に定義付けられている
2. 期待される行動、姿勢をもった人を採用している
3. 期待される能力や特性は「採用、評価、昇進」の指標として活用されている
4. 幹部やマネージャーはそれらを実践している
5. 社員はそれらの能力や特性を活用し、強化できるようなアサインメントを得ている
6. それらの能力や特性項目は毎年の査定や評価でチェックされている
7. それらの能力や特性項目は教育プログラムで強化されている
8. 経営幹部が人材開発にコミットし、実行している
9. リーダーは部下育成やチーム力強化の度合で評価されている
10. リーダー開発のしくみとプログラムは定期的に改善されている

え、新風を吹き込むもととなります。

ただし、経営者、つまり社長を外部から登用することについては慎重であるべきです。欧米でも、外部から経営陣を登用した場合、その50％は失敗だったという調査結果があります。

なんでも自前でやろうとするのは費用と時間のムダですが、社長や経営幹部については自社でしっかり育成する仕組みをつくるほうが、学ぶ・育てる文化が築かれやすいと思います。

外部から人材を招く場合は、いきなり幹部にするのではなく、一つ下のレベルから入ってもらい、企業文化をしっかり理解したうえで昇進させたほうが間違いは少ないです。

「人を生かす人事」の必要条件
チェックリスト

- □ ありたい組織像と文化は明確か
- □ 期待される人材像／リーダー像は明確か
- □ 期待される人材を開発する戦略と計画は効果的に実行されているか
- □ 適材適所の採用と配置はできているか
- □ すべての上司は部下の教育、指導、開発育成を行っているか
- □ 差別なく社員の多様性を活用・推進しているか
- □ 社員を生かし、伸ばすアサインメント計画と、次世代リーダーを育てるサクセッション・プランは機能しているか
- □ 社員の能力とマインドを高め、能力開発を行っているか
- □ 社員と組織の能力とマインド、企業文化を定期的に把握しているか
- □ 継続的に組織文化を見直し、改善と変革を行っているか

CHAPTER

6

人事の力とは社長の力

人事でよくある社長の勘違い

育っていないのではなく育てていない

人は、信頼されたり期待を示されたりすると、なんとかそれに応えようとするものです。地位のある人、尊敬する人からの信頼や期待であれば、より一層その気持ちは強くなります。つまり、社長から信頼され、期待されようものなら、社員の意欲は飛躍的に上昇するはずです。人の力とは「意欲×スキル」ですから、社員は最高のパフォーマンスを発揮するでしょう。

人事とは、人に最高のパフォーマンスを発揮させる仕組みですから、社長は人事力を最大限に発揮できる立場にあるといえます。

また、いうまでもなく社長には強い人事権もあります。

ところが現実はどうでしょうか。次ページのチェックリストのうち、同意できるものが

社長の勘違い度のチェックリスト

以下に該当するものは勘違い

- □ わが社には人事の専門家は必要ないと思っている
- □ 人事とは昇進・昇格・給与の決定と思っている
- □ 人事より売上を上げることが重要と思っている
- □ 仕事は自ら覚えるもので、人を教育するのはムダと思っている
- □ 採用や昇進についての自分の人選は正しいと思っている
- □ 新入社員の定着率が悪いのは中小企業だから仕方がないと思っている
- □ 幹部は今いる社員から選べばよいと思っている
- □ 後継者のことを考えるのはまだ早いと思っている
- □ よい業績を上げる社員がよい社員だと思っている
- □ 社長の仕事は会社を育てることで、社員を育てることではないと思っている

いくつあるか数えてみてください。当てはまる項目が多ければ多いほど、せっかく備わっている社長の人事力を無駄にしていることになります。

人事は社長の大事な仕事

松下電器（現パナソニック）の創業者、松下幸之助氏の言葉、「松下は、はじめに人をつくります。それから物をつくります」をはじめとして、多くの名経営者がヒューマンリソース（人材）の重要さについて語っています。

しかし、いざ人事となると、依然として昇進、昇格、給与と賞与の決定以外はヒトゴトと考える社長が少なくありません。

人事本来の役割とは、自社に適した素質のある人を採用し、その素質を伸ばし、最高のパフォーマンスを発揮させることにあります。

昇進、昇格でポジションを与えるのも、給与と賞与の金額を決定するのも、社員の素質を伸ばし、最高のパフォーマンスを発揮させるための人事施策の一環です。

たしかに社長には人事権があります。しかし、けっして昇進、昇格や給与・賞与の額を決めることだけが人事ではありません。

人と企業文化の育成こそが人事の本筋なのです。

人事の本筋を実行してこそ、組織の力を上げる、すなわち「儲かる人事」になり得ると考えてください。もちろん、これは社長の仕事です。

走れるようになる前には、立って歩けなくてはいけません。

会社の業績を伸ばすことが社長の仕事であることはそのとおりですが、人材の集合体である会社を育てるには、まず人材を育てることが必要です。

売上を上げ続けるには、売上を上げ続けられる人材が必要で、そのためには、人を成長させる仕組みと文化が必要となります。

企業の社長を務めた人で、自分が会社を去った後のことは何も考えないという人はいません。

自分が去った後も、将来にわたって会社が成長し、持続的に発展することを心の底から願っているのが社長です。

人事の力を上げることは会社の力を上げる、すなわち社長自身の力を上げることに他なりません。

中小企業では評価の基準は社長の価値観

人は自分と同じではない

人事評価は、人事施策の中でも最もデリケートなもののひとつです。

公正な評価についてはすでに述べたとおりですが、評価の基準をどこに定めるかはそう簡単ではありません。あまりにも詳細な評価基準を定めるのは、基準づくりに手間がかかるだけでなく、実際に運用する場面でも複雑で使い勝手が悪くなってしまいます。

中小企業では、社長の目、すなわち社長の価値観を基準として固定するというのもひとつの方法です。ひとりの価値観ですから、評価の基準は自ずと一定の幅に収まるものです。あれこれと評価の基準を持ち込んで複雑化させるよりは、シンプルなもののほうが使い勝手もよいはずです。

ただしこの場合、社長の価値観は、ラインのリーダーやその上司も共感し、共有できるものである必要があります。つまり、社長は社員をどういう基準で、どういう評価をするのか、自身の価値観を明文化する必要があるということです。

それが、自社の人事評価の公式基準となります。

ただし、人が人を評価するときにはいくつかの陥穽があります。そのうちのひとつに、人は自分に似せて人を見る、ということがあります。

人も自分と同じように考え、同じように行動する、私は正しいことをしているという無意識の思い込みが、自分と異なる考えや行動をとる人のことを理解しづらくします。人間は、自分の理解できない人のことは評価しないものです。

逆に、自分と同じような考え方をする人、同じような行動をとる人には、共感を抱きますから甘い評価になりがちです。

相性に惑わされない評価が大切

したがって、社長の価値観を基準にするといっても、社長の価値観と他の経営陣やラインのリーダーの価値観をあらかじめすり合わせたものを基準にして、各上司が部下を評価するほうが合理的です。

採用面接の失敗の一番の原因は、偏見を通した第一印象で採用を決めることです。見た目や話し方だったり、経験や考え方が一致しているということだったり様々ですが、いずれも根拠の薄いことであることは確かです。

人によっては、こうした第一印象のことを「人を見る目」と強弁しますが、数々の調査結果からも、第一印象だけで人を選べば必ず後悔することになるのは明白です。

自分の好みというものは当てになりませんし、採用ではむしろ弊害となります。

評価軸の例は次ページの図を参照してください。

もし、社長が「意欲」と「結果」を重視するのであれば、右上に広がった形が評価される社員像となります。すべてにバランスのとれた人を理想形とするなら正八角形が基準となるでしょう。

実際には、基準にぴったり一致するというモデルはそういません（いるとしても社長本人だけ）。肝心なのは、図形がどんな形であれ、社長が考える理想の人材像を数字や形で「見える化」して示すことです。

評価の基準となる要素（例）

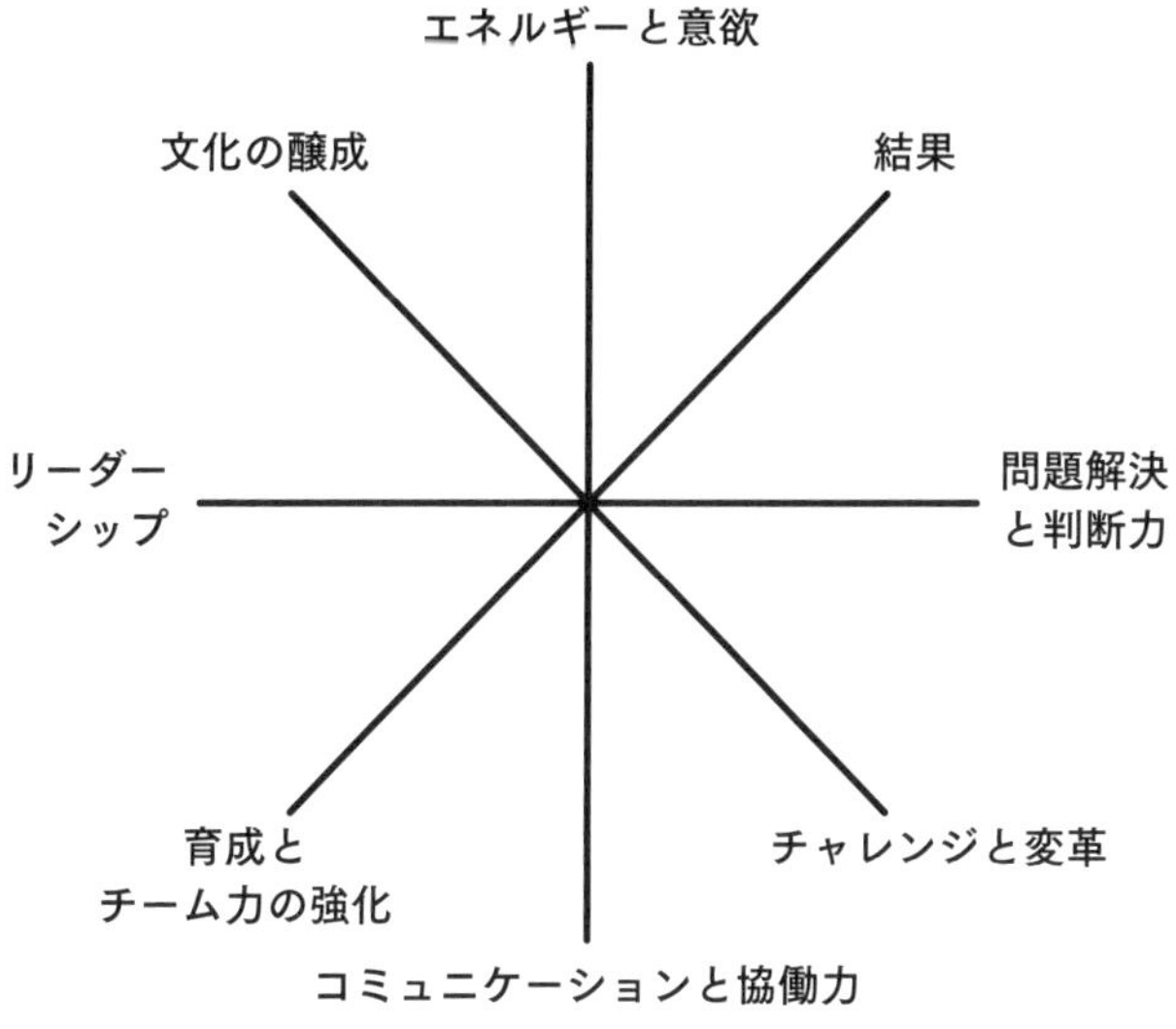

信賞必罰は社長の決断

決断には痛みが伴う

中国の古典で、日本でもファンの多い『孫子』では、強い軍隊の条件に信賞必罰の徹底を挙げています。

信賞必罰は組織の要です。信賞必罰があいまいな組織では、規律を保つことができません。規律の乱れた組織では、強さに欠けるというのは、いまさらいうまでもないでしょう。規律の緩い組織は、弛んだ組織、勝てない軍隊と同じということになります。

人に最高のパフォーマンスを発揮させるということは、組織も最大の出力で動くということですから、そこに規律がなければ力は暴発・迷走しかねません。

信賞必罰のうち信賞は、与えるほうも与えられるほうも気持ちよくやれますが、必罰のほうは、ときに与える側にも痛みが伴います。「泣いて馬謖《ばしょく》を斬る」という言葉がありますが、必罰は相手が腹心の部下であっても断固として行う決断が必要です。

決断は、決定とは異なります。

決定は、それに伴うリスクが概して小さいのに対し、決断に伴うリスクはとても大きいというのも違いのひとつです。決断は残すもの、切り捨てるものを明確にします。決定には必ずしも痛みが伴いませんけれども、痛みの伴わない決断というものはありません。

信賞必罰でいえば、信賞は決定でよいですが、必罰には決断が必要となります。

諸葛孔明の人事に過ちあり

いささか話の趣が変わってしまいますが、「泣いて馬謖を斬る」の故事の出典である『三国志演義』では、諸葛孔明《しょかつこうめい》が愛弟子の馬謖を処刑した理由は、馬謖が孔明のいいつけを守らず惨敗したことにあるとされています。

原作では、孔明は馬謖に陣地の場所、陣形などをこと細かに指示して送り出したにもかかわらず、馬謖は孔明の指示した平地に陣を張らず、山中に布陣し、その結果、水の供給を絶たれて敗北を喫したとされています。

馬謖は孔明の愛弟子ですが、子弟の温情で馬謖を許しては全軍の規律が乱れるということとで、泣く泣く馬謖を斬るというのがこのお話の肝です。しかし人事的に見ると、孔明は決断はしたものの、それが正しい決断だったとはいえません。

まず、将軍として戦に赴く馬謖に布陣の位置までこまごまと指示を与えるのは、アサインメントとはいえません。そもそも、そんな細かな指示を与えなければ軍を進められないような将軍に、遠征軍を任せること自体が間違いです。

人事の大罪のひとつである「リーダーの資質のない人をリーダーにした」孔明の責任は大きいといえます。その罪の大きさは、負けて帰って来た馬謖の比ではありません。

馬謖が罪を問われるとすれば、敗走し、領地を失い、兵を失ったことについてです。次に処罰のレベルです。孔明は馬謖を処刑しました。

馬謖が重大な損失を出したことは事実ですから、軽微な罰というわけにはいかないものの、いきなり解雇というのは外資系でもそうはありません。

正統派の外資系企業であれば、馬謖は降格になる可能性は高いものの、再チャレンジの機会はあるでしょう。それでこそ公正な信賞必罰というものです。

孫子の兵法を人事的な目で見ると

国民の幸福度の高い国は強国

前項のテーマである信賞必罰は『孫子』の七計の最後に出てきます。七計とは、7つの要素を相手と比べ、優れているほうが勝つというものです。

勝敗を左右する7つの要素とは、①どちらの君主が人心を掌握しているか、②どちらの将軍が優秀か、③天候・地形はどちらに有利か、④軍紀はどちらが厳格に守っているか、⑤軍隊はどちらが強いか、⑥兵隊の訓練はどちらが行き届いているか、⑦信賞必罰はどちらが明確に行われているか、です。

この七計には、その前に5つの大事な要件があり、通常「五事七計」と呼ばれます。

五事とは、戦いに勝つための必要条件ともいえます。①道、②天、③地、④将、⑤法、となっています。一般には、『孫子』というと七計が有名ですが、私は五事もマネージメントに相通じるものがあると思っています。

人事制度も規律や原則を示すひとつの「法」ですが、法を施行する前に4つの段取りがあることを『孫子』も主張しているのが興味深いところです。

それは、私が本書で述べてきたことと一致します。大昔の中国で記された兵法書と、外資系企業の人事の基本的な考え方には、不思議に共通するところが多いのです。

五事の第一に挙げられている「道」とは、将が民と思いを一つにすることです。今日の企業でいえば、価値観・理念の共有度の高い経営をしているということでしょう。孫子としては、たんにES（社員満足度）だけではなく、いわゆるCSR（企業の社会的な責任）も考えていたかもしれませんが、いずれにしても外資系企業も『孫子』も原点はトップ（将・君主）に置いています。

組織の強さへの貢献度では制度が一番下

トップのES意識が高い組織は強い。それは今日でもいえることだと思います。

五事の2番目「天」とは、いわゆる「天のとき」といわれるものです。「天」を企業経営に置き換えると、会社を取り巻くグローバルなマクロ環境であり、これをいかに正確に読み取るのかで長期戦略が変わります。

「地」とは、企業経営においてはステージです。どういう商品・サービスをどういう市場に投入して、どういう戦略・戦術を採って業績を伸ばし、会社を成長させるかというのが「地」に相当するのではないでしょうか。

そして「将」とは、いうまでもなくリーダーです。将に求められる資質は、智・信・仁・勇・厳（判断する英知、民からの信頼、仁慈の心、逆境での勇気、規律を守る厳格さ）ですが、これらは今でもリーダーに必要とされる資質です。

経営幹部からラインのリーダーまで、リーダーの力が組織の力を大きく左右します。何度も繰り返し述べてきたように、リーダーによって社員の発揮する力は大きく変わってきますから、いまも昔も戦いの趨勢を決めるのはリーダーの力です。

組織の強さの要素のうち、「法」が最後に置かれていることにも私は同感です。

人事制度が大事であることには論を俟たないものの、「法（制度やシステム）」は「道」「天」「地」「将」がそろってはじめて組織に対して貢献するものです。「法」が整っていることは大切ですが、それを運用する「将」に力がなければ十分な効果を発揮することができないからです。

孫子に見る強い組織
5つのポイント

孫子		現代の経営
君主が民に親われている	道	理念の共有・ESが高い（社員満足度の高い経営をしている）
天のときを得ている戦いに有利な時期、タイミングで軍を動かす	天	会社のミッション、理念、価値観が明確で全員に共有されている
地の利がある有力な場所で戦う	地	会社はどんなステージで成長するのか明確な戦略と目標がある
味方の将軍が敵の将軍より優れている	将	優れたリーダーを育てている リーダーが育つ環境がある
規律が守られ信賞必罰がきちんと行われている	法	制度や仕組みが整っている ルールがきちんと守られ、やるべきことが実行されている

社長という職務に定年は必要か

社長の定年は有名無実？

２０１８年、中国では憲法改正によって国家主席の任期制限がなくなりました。

その結果、習近平現国家主席は終身主席となって、権力をふるい続けるのではないかと訝る人もいます。たしかに、権力というものは長期化すればするほど腐敗する傾向があります。それは国の政権でも企業の経営でも同じです。

そのため企業では、社長の定年を内規として定めているところもあります。

しかし私は、国家の最高権力者はともかくとして、企業の社長に定年を設けることには積極的に賛成しかねます。やるべき能力と意思が社長にあり、社員にも求められているならば、やれる限りやってもよいというのが私の主張だからです。ＧＥのジャック・ウェルチ氏は１９８１年から２００１年まで、ＣＥＯを20年間務めていました。

そもそも、社長を続けるには承認が必要となります。

任期が終了する段になると、取締役会、次いで株主総会によって再任が決議されます。社長に力がなければ、取締役会の段階で退任は避けられません。社長といえども、組織の新陳代謝のシステムに乗っているのです。

しかし、社長に能力があれば、任期は限りなく延長されます。

それが必ずしもオーナー社長ばかりでないことは、ちょっと調べればわかることです。つまり力のある社長は、仮に定年制があったとしても、習近平氏と同様、ルールを変更して定年制の対象から外れることが可能です。

私が社長の定年制に賛成しないのは、それが結局は有名無実だからです。

従業員の声は天の声

いつまでも社長の座から降りない人を見ると、権力を手放したくない一心でしがみついているように見えますが、実態は必ずしもそうではありません。

ある大手企業の社長・会長を務めた方から聞いた話です。

その方は内規である3期を守り、社長・会長と合計6期務めて身を引かれましたが、その間、何度も続投するように進言を受けたそうです。

周囲からいつも「あなたに代わる人はいない」「会社のためにも、社員のためにも、せめてあと2期はやってほしい」といわれ続けていると、そのうち自分でも「やはりそうかなあ」と思いはじめるというのです。

実際に周囲を見渡してみて、明らかに自分より優れている人物は見当たらないとなると、格別な権力欲があるわけではなくとも、会社のため社員のためと任期を延長していく人が多いはずだ、と、その大手企業の元会長は話してくれました。

これはおそらく、世の中で長期政権を敷いている社長の、100%ではないと思いますが、少なくとも半数くらいは該当するのではないでしょうか。

では、望まれない長期政権を避けるにはどうすればよいのでしょうか。

自分自身の判断に周囲の意見、そして従業員の意識調査で自分自身を測ることが最善だと思います。

このうち最も客観的な声が、従業員意識調査です。従業員意識とは、いわば社長に対する満足度です。社長を筆頭とした経営陣に対し、満足している人の割合が7割を切るようなら退き際と考えるべきです。もちろん、サクセッション・プランで次の社長、次の幹部を併行して育成していることは大前提です。

退き際の判断材料

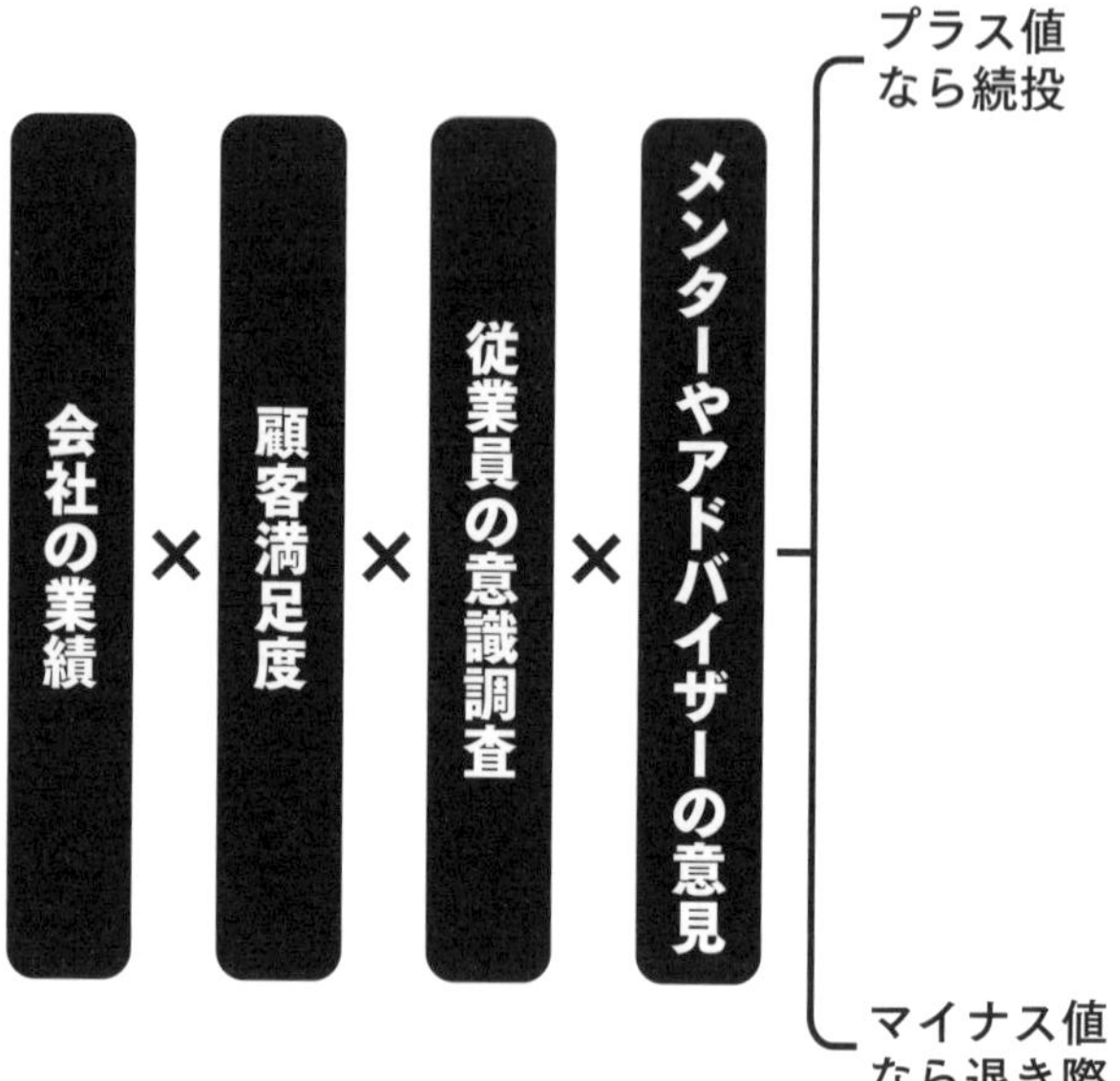
会社の業績
×
顧客満足度
×
従業員の意識調査
×
メンターやアドバイザーの意見
プラス値
なら続投
マイナス値
なら退き際

社長ほど社員のことを見ている人はいない

見える景色はポジションで違う

だいぶ以前のことになりますが、ある知り合いのベンチャー経営者からこういう話を聞きました。彼は当時27歳、会社の規模は100人超という段階です。私は、私の周辺の27歳と比べて彼の見識が高いことに驚き、その点について聞きました。

すると彼は、同年代の人との違いについて、まず「自分は多くの経営者に会っている、そこで学んでいることが大きい」、そして「組織の頂点にいる人間と、組織の中にいて周囲を見ている人とでは、見える世界が違う」といっていました。

彼の立場からだと、全社員の動きが見渡せます。

したがって、だれがどういう行動をとっているのか、動きが活性化しているのはだれか、不活性なのはだれか、何をすると社員がよろこぶのか、が彼の目にはよく見えていたそうです。このベンチャー経営者が、動きが悪くなっている社員に積極的に関わっていたことを、私はいまでもよく憶えています。

なにも彼が特別というわけではありません。組織の中で最も幅広く社員のことを見ているのは社長です。それは、社長が（あるいは会長が）最も高いところから全社を見ているからで、途中の階層にいる中間のリーダーは自分の部下ばかりを見ているため、そう多くの社員のことまで目に入らないからです。

社長ほど多くの社員のことを見ている人はいません。この点では、社長は大いに自信を持ってよいと思います。

社長が社員を見るときの8つのポイント

社長が社員を見るときには8つのポイントがあります。

①ビジネス環境を理解し、柔軟に変化に適応できているか
②オーナーシップ（仕事に対する強い当事者意識）を持って仕事を進めているか
③顧客志向で仕事をしているか
④結果志向で目指すゴールを達成しているか

⑤ 不断の改善と変革をしているか
⑥ チームワークと協働を図っているか
⑦ 正しい価値観を持っているか、正しい基本原則や判断軸を使っているか
⑧ 自発的に自己開発をしているか

オーナーシップとは、いわば当事者意識です。仕事を他人ごとにせず、自分の子どもを育てるように業務の推進と達成を図ることは、社員であっても欠かせません。

顧客重視と結果重視はいうまでもないと思いますが、間接部門や管理部門の社員の中には、ともするとそれを忘れてしまうことがあります。

不断の改善と変革は組織全体に必要なものですから、社員一人ひとりにこの意識が求められます。ときには社長から変革を起こし、組織全体に下ろしていく強い動きも必要です。

チームワークと協働ができる組織は、社員のエンゲージメントが高いだけでなく、生産性も高いです。これは欠かせません。

原則を重んじる、正しい判断軸を使うとは、たんにルールや手順書を守るのではなく、基本原則に従って行動することです。いわば「正しくやる」より「正しいことをやる」が重要であり、ときにはそれがマニュアルに優先することもあります。

儲かる人事は社長がつくる

中小企業だからこそ「儲かる人事」は社長次第ですぐできる

文化は言葉に表れる

価値観や理念が一致している人同士では、言葉の意味が一致します。

たとえば、メーカーの会議で「精度を上げよう」といったとき、それが100分の1ミリの水準でいわれていることなのか、1万分の1ミリレベルのことをいっているのか、お互いが別々の考えでは高い品質は保てません。

「わが社で精度といったら1万分の1ミリレベル」という共通の価値観（物差しの目盛り）があって、お互いのコミュニケーションが正確に成立するのです。

言葉の意味が一致することは、経営に大きな影響を与えます。

日本の企業で言葉が一致しているよい例がトヨタでしょう。トヨタには「トヨタ語」といえるような言葉があり、みんながその意味を共有しています。それがトヨタという組織の強さです。

言葉とは文化から生まれます。

文化の背景を持たない言葉というものは存在しません。トヨタ語の背景となるのはトヨタの企業文化です。トヨタの企業文化が全社員に共有されているからこそ、トヨタ語が社内で共通の言語となるのです。

文化とは、価値観や物の考え方、行動原則や表現方法などの集合体です。

企業という組織も、価値観や美意識、行動原則がもとになって、組織の文化が出来上がります。では、その原点はどこにあるのでしょうか。

もちろん、それはトップにあります。会社であれば創業者や社長の価値観が、企業という組織の文化を醸成するのです。

企業におけるすべての原点には社長がいる

ここまで述べてきたとおり、会社が行う施策の原点には例外なく社長がいます。

社長の価値観、理念があって、組織のミッションが生まれ、会社の理想的な姿が描かれます。そしてそこから会社の求める人材像が出来上がり、組織のメンバーが守るべき行動基準が定まるのです。

組織のメンバーが行動基準を守り、求められる人物像に近づこうとしていくうちに、やがてそれらが組織の文化となります。

人材像、行動基準が守られることで組織文化となる。それによって組織のメンバー、すなわち人材の成長が促進され、人材の成長は商品・サービスの品質を上げ、顧客満足度を高め、その結果もたらされるのが組織力の成長です。

組織力が上がることで、業績が拡大するとともに、社会的な信用も高くなります。

社長からはじまる人事の力は、着実に会社の成長につながるのです。では、その中で一番大事なことは何でしょうか。

それは、やはり現場のリーダーを育成する仕組みです。

社長は企業文化の原点ですが、現場ではラインのリーダーがチーム文化を築きます。

現場のリーダーを「将」にする仕組みづくりは、社長の重要な役割です。すべてのマネージャーが会社の求めるリーダー像となっていれば、社員の愛着心とやる気が高まるだけでなく、生産性も業績も伸びます。

当然、その過程で将来の経営幹部、次の社長候補も出来上がります。

2番目に重要な社長の仕事、それは企業文化づくりです。

企業文化の起点は社長本人です。社長の言葉・行動・態度は経営陣に影響を与えます。

経営陣はマネージャーの言動に影響を与えます。そして彼らは社員の行動と態度を変えます。

組織の文化を強化するには、社長のマインド・言動・能力を強化するのが王道です。社長の自己変革宣言は非常に効果的です。

3番目に重要なのは、正しいリーダーと社員をつくり続ける仕組みです。あるべき企業文化が出来上がれば、目指すビジョンの達成は近くなります。社長が直接手を下さずとも、求められる能力を発揮できるリーダーが育ち、意欲も能力も高い社員が増え、全員で協力し合いながら顧客価値・顧客満足度を高める行動基準が浸透するような人事の仕組みが必要です。

そして、会社の価値観や理念に共感する人、ミッション達成のための資質を持つ人を採用するのも重要な仕組みのひとつです。スキルの優劣や経験の有無、学歴や資格よりも、価値観や理念を共有でき、協働して高い成果を出す素質を持った人を選んで採用することがより重要です。

中小企業のよさを生かそう

顧客満足度や品質を上げることも会社の業績を上げるための大きな力となりますが、その根底には必ず人がいます。

世の中がどれほど大きく変わろうとも、人が人を相手にビジネスをする限り、会社には人の力が必要となります。

そして、人が生き生きとして仕事ができる仕組み、最高のパフォーマンスを発揮し、イノベーションを起こす仕組みが人事です。

社長に求められる人事の力とは、会社をたくましく発展・成長させる力に他なりません。この人事の力は、すでに社長の手の中にあります。

あとは発動するだけです。

10万トンクラスの巨大タンカーは、舵を切っても船が方向を変えるまでにかなりの時間を要します。大型船はすぐには曲がれないのです。

同様に、大きな組織では、人事施策を発動しても、効果が出るまでには相当な時間を要します。社長の意思がどんなに強いものであっても、組織が動き出すまでは我慢して待たなければなりません。

一方、小さな会社では、発動から効果が発揮されるまでのリードタイムが短い。つまり、社長が舵を切れば、すぐに会社は方向転換できる。これが中小企業の強みです。この強みを生かさない手はありません。

あとは社長の決断と実行だけ。
人事の力を発揮するのは今日、この瞬間からできるのです。

社長の成果　チェックリスト

- □ ビジョンと目標は明確で、浸透しているか
- □ 戦略は明確で、実現できているか
- □ 各部署にリーダーがおり、後継者が育っているか
- □ ありたい企業文化が醸成されているか
- □ 社員の意欲とコミットメントは常に高まっているか
- □ 社員は行動基準（姿勢・行動）と期待されるコンピタンシー（能力）を常に高めているか
- □ 顧客満足度は伸びているか
- □ 会社の業績は伸び続けているか

あとがき

本書をお読みいただきありがとうございました。ビジネスの伸び悩み、人材の確保と育成、労働生産性の停滞、長時間労働などさまざまな課題が政府刊行の白書に記されていますが、みなさんの会社の課題はいかがでしょうか?

「企業は人なり」「人材は最重要な企業の資産」と言われているように、正しく人事を行えば、会社は確実に儲かります。

本書では大きなお金をかけることなく、会社の成長を着実に支援するための、正しい人事のあり方と効果的な人事の進め方についてご紹介しました。

日本政府も推進している「働き方改革」。働き方を変えるということは、社員の考え方や行動を変える、即ち、企業文化を変えることです。業務のＩＴ化、プロセス改善、人事制度の改善も重要ですが、本書でも紹介したとおり、局所的・断片的な改善では、企業文化は変わりません。

厳しいビジネス環境の中でも、儲かっている会社には、満足度の高い固定客がついています。そして、固定客を増やし続ける社員がいます。そして、愛社精神をもち、仕事にコミットする社員を増やすリーダーがいます。社員全員が共同し、成長する企業文化を築くトップと経営陣がいます。

2000年以降、欧米では、企業だけでなく医療機関や学校も、トップ主導で人事施策を大きく変え、メンバーの育成や業務の進め方を強化し、企業文化の改善を図っています。2017年からは評価のあり方を変え、メンバー育成とモチベーションアップに重点を置いたしくみを取り入れ、メンバーのパフォーマンスとともにエンゲージメントを高めています。

日本でも、社員全員が成長し、一丸となって業績を伸ばし、V字回復をしている会社では、まずトップである社長、そして経営陣全員が、本気で人事を行っています。本気のリーダーは組織の現状を直視し、会社のミッション達成のために、これまでの自らの考え方や組織の慣習にとらわれず、捨てるべきものは捨て、新たに取り入れることは取り入れているのです。

私もこれまで多くの会社や組織のエンゲージメントや生産性の向上を支援してきましたが、最もシンプルで効果がすぐに見える策は、正しい管理者強化のプログラムです。ただし、トップと人事施策が変わらなければ、効果は持続しません。

みなさんの夢は何でしょうか？

どのような付加価値を市場・顧客に届けたいのか、どのようにビジネスを築きたいのか、そのためにどのような会社や企業文化を創りたいのか、いま一度考えてみてください。

最後に、ドラッカーの「リーダーの自問すべき5つの質問」に答えてみてください。

1　組織のミッションは何でしょうか？
2　顧客は誰でしょうか？
3　顧客にとって重要なことは何でしょうか？
4　組織はどのような結果（ビジネスと組織）を出していますか？
5　（ギャップを埋めるために）今、すべきことは何でしょうか？

「顧客」については社外のお客様とともに社内顧客である社員のことも考えてみてくださ

い。

５番目の質問ですが、本書で紹介した人事的施策の中で、あなたは何を実行されますでしょうか？

考え続けるのではなく、決断して、変革への新たな活動を開始し、さらなる良い組織へと変身してください。応援しています。

松井義治

２０１９年１月

松井義治
（まつい・よしはる）

MATSUI YOSHIHARU

経営（人材・組織開発）コンサルタント、HPOクリエーション代表取締役。
北九州市立大学卒。日本ヴイックス株式会社に入社し、マーケティング本部で医薬品や健康食品の戦略策定、商品開発など企画宣伝・プロモーション開発から市場導入までのトータル・マーケティングを担当。同社がP&Gと合併して7年後、人事統括部に異動し、教育・採用担当のシニアマネージャーを務め、グローバルリーダーを育成する「P&G大学」づくりとプログラム開発に貢献。台湾P&G人事部長、北東アジア採用・教育・組織開発部長等を歴任。ノースウエスト・ミズーリ大学経営学MBA、ペッパーダイン大学教育学博士。

P&Gで学《まな》んだ 経営戦略《けいえいせんりゃく》としての「儲《もう》かる人事《じんじ》」

2019年3月10日　初版発行

著　　者　松井 義治
発 行 者　小林 圭太
発 行 所　株式会社CCCメディアハウス
〒141-8205
東京都品川区上大崎3丁目1番1号
電話　03-5436-5721（販売）
　　　03-5436-5735（編集）
http://books.cccmh.co.jp

印刷・製本　豊国印刷株式会社

Printed in Japan
ISBN978-4-484-19201-7